Quintiliano y su escuela

Gualtiero Calboli

Lucia Calboli Montefusco

Quintiliano y su escuela

Gobierno de La Rioja
Instituto de Estudios Riojanos
Ayuntamiento de Calahorra
Logroño
2001

Calboli, Gualtiero
Quintiliano y su escuela / Gualtiero Calboli, Lucia Calboli Montefusco.– Logroño: Gobierno de La Rioja, Instituto de Estudios Riojanos: Ayuntamiento de Calahorra, 2001
180 p.; 24 cm.– (Colección Quintiliano de retórica y comunicación ; 5)
Bibliografía: p. 169-180
D.L. NA. 3.164-2001 – ISNB 84-95747-06-5
1. Quintiliano, Marco Fabio-Estudios y conferencias. 2. Retórica-Estudios y conferencias I. Calboli Montefusco, Lucia. II Instituto de Estudio Riojanos (Logroño), ed. III. Calahorra. Ayuntamiento, ed. IV. Serie 871 Quintiliano, Marco Fabio 1.07
82.085

Instituto de Estudios Riojanos
C/ Muro de la Mata, 8 principal; 26001 Logroño

Realización técnica: Gráficas Lizarra, S.L. (Estella, Navarra)
ISBN 84-95747-06-5
Depósito Legal: NA. 3.164-2001
Impreso en España - Printed in Spain

ÍNDICE

PRÓLOGO

Vivimos hoy en día en el mundo de las imágenes y de los iconos. Los iconos del ordenador están constantemente delante de nosotros. Quintiliano resulta especialmente apropiado para ser considerado también como un icono, no sólo de la retórica, sino también del mundo romano y de la cultura latina. En efecto, él, nacido en *Calagurris*, junto al río Ebro, la Calahorra de nuestros días, en torno al 35 d. C., pero educado en la escuela y en la práctica forense de Roma y en Roma encargado de la primera cátedra pública de retórica por el emperador Vespasiano [1], representa, desde el punto de vista social, a los habitantes de las provincias, los cuales, en general, aunque bien arraigados en la realidad de su provincia, sin embargo, venían a Roma para completar su educación superior y después se mantenían en permanente contacto con Roma, centro del Imperio. Desde el punto de vista personal y humano, representa además la combinación de vida contemplativa, dedicada al estudio y a la lectura de los autores que encontramos citados y juzgados en *Inst.* 10, 1, y de vida activa en la actividad del foro y en la vida cultural del Imperio a través de su labor como maestro de retórica. Su actividad forense fue ciertamente limitada, pero no irrelevante [2], el interés por la historia de la retórica está demostrado por la obra *De causis corruptae eloquentiae*, el resultado de la obra del maestro se muestra en sus alumnos, entre los que sabemos con certeza que se encuentra Plinio el Joven y, según algunos estudiosos modernos, quizá también Tácito [3]. Pero, sobre todo, en

---

1 Cf. Hier. *chron.* ol. 211, 4 *Quintilianus ex Hispania Calagurritanus primus Romae publicam scholam et salarium e fisco accepit et claruit.*

2 G. Kennedy, *Quintilian*, p. 20-22. La causa más famosa discutida por Quintiliano fue la que implicaba a la reina Berenice de Judea (*inst.* 4, 1, 19).

3 Cf. Plin. *epist.* 2, 14, 9 *ita certe ex Quintiliano, praeceptore meo, audisse memini;* 6, 6, 3 *erat*

el aspecto humano y personal, este hombre, herido en sus más hondos sentimientos por la muerte de su joven mujer y del pequeño hijo de cinco años y, después, del hijo mayor, ya con diez años, este hombre no se lanzó a las llamas él mismo y a su obra, como hubiese querido [4], de la desesperación, sino que continúa tenazmente completando la obra concebida para su hijo, para que pueda servir a los hijos de sus conciudadanos y a los hombres del mundo civil; este hombre poseía en un alto grado el sentido de la solidaridad de los *cives Romani*, que supone uno de los aspectos más significativos del mundo romano. Precisamente, un gran conocedor de Quintiliano como Jean Cousin ha escrito (Quintilien, Tomo I, *Introduction*, p. XCII), que el proemio del libro VI de la *Institutio Oratoria*, en el cual Quintiliano nos dice todo esto, es "une des belles pages de la littérature latine". Pero, en este punto, si consideramos la *Institutio Oratoria* en relación con la retórica romana, este aspecto nos impresiona también por otro motivo.

En los dos siglos entre el 100 a. C. y el 100 d. C. se compuso en Roma un cierto número de *artes rhetoricae*, entendidas como manuales de retórica, si tenemos en cuenta lo que nos dice el propio Quintiliano en *inst.* 3, 1, 19. Pero de estas *artes* conocemos sustancialmente únicamente tres, el *De inventione* de Cicerón, la *Rhetorica ad Herennium* y la *Institutio Oratoria* de Quintiliano. Tenemos tres breves fragmentos de Catón, fragmentos tan generales que nos impiden pensar que Catón hubiera compuesto un auténtico manual de retórica, en lugar de una colección de preceptos retóricos para su

non studiorum tantum, verum etiam studiosorum amantissimus (sc. *Iuli Nasonis pater*) *ac prope cotidie ad audiendos, quos tunc ego frequentabam, Quintilianum, Niceten Sacerdotem ventitabat*. Que Tácito haya sido "probablemente", (*wahrscheinlich*), uno de los alumnos de Quintiliano lo ha pensado Otto Seel, *Quintilian*, pp. 19 ss.; Ronald Syme, *Tacito*, p. 156, lo pone en duda, porque faltan datos precisos para afirmar que Quintiliano haya sido maestro de Tácito, pero no lo descarta y escribe: "Quintiliano tenía numerosos discípulos, entre ellos, Plinio. Tácito pudo, al menos, haber formado parte de este grupo. En el *Dialogus* se advierten ecos de la *Institutio Oratoria*, y juicios bastante similares en la literatura latina. Pero aquí también se pueden descubrir varios motivos de contraste [R. Dienel, *Wiener Studien* 37 (1915), 239 ss.; H. Bardon, *Revue des Études latines* 19 (1941), 113 ss.; R. Güngerich, *Classical Philology* 46 (1951), 159 ss.]. Y de un modo característico, Tácito abrevia a Quintiliano: para los ejemplos, H. Bardon, *Latomus* 12 (1953), 448 ss.". Las opiniones opuestas, sin embargo, no son una prueba de que Tácito no fuera alumno de Quintiliano: no sería el primer alumno enfrentado con el maestro.

4 Todo esto lo narra el propio Quintiliano, *inst.* 6 pr.1-16, una vez controlada la tentación de arrojar a las llamas la obra que estaba componiendo (*infaustum opus*) (3).

hijo, que Quintiliano podía ver como el inicio de la retórica en Roma[5], y un fragmento del *ars* del gran orador Antonio, que, siempre según Quint. *inst.* 3, 1, 19, quedó incompleta. Es curioso, pero representativo del compromiso civil de los romanos, incluso dentro del ámbito familiar o de las amistades o de los clientes, que sólo las dos *artes* escritas para instruir a alguien y a alguien dedicadas, como la *Rhetorica ad C. Herennium* y la *Institutio Oratoria* de Quintiliano se hayan llevado a término, mientras que las otras dos, el *ars* de Antonio y el *De inventione* han sido interrumpidas y quedado incompletas.

Así pues, cuando Quintiliano terminó en poco más de dos años su *Institutio Oratoria* en el 94 o, como muy tarde, en el 95, debía tener alrededor de sesenta años. Después de haber enseñado como profesor reclamado por Vespasiano para la primera cátedra de retórica, después de veinte años, se había retirado de la enseñanza en torno a los años 90. En la última etapa, su actividad se desarrolló bajo los tres emperadores de la casa Flavia y la *Institutio Oratoria* estaba ciertamente concluida cuando Domiciano fue asesinado en septiembre del 96[6]. Por tanto, Quintiliano no vio el periodo "feliz" de Nerva y de Trajano como, en cambio, había declarado a su alumno[7], Plinio el Joven, quien también pasó por los años oscuros de Domiciano, mientras que Tácito sí llegó hasta Adriano y murió en los primeros años de su imperio (que inició en el 117). Por el contrario, Syme (*Tacito*, p. 103) piensa que Tácito habría escrito los *Annali* (*Libri ab excessu Divi Augusti*) durante los primeros años del reinado de Adriano. Como recuerda George Kennedy (*Quintilian*, p. 30) con un rigor histórico minucioso, que tiene el

---

5 Sobre la retórica de Catón, remito a mi M. Porci Catonis, *Oratio pro Rhodiensibus*, pp. 33 ss.

6 "Because of the complimentary references to Domitian [*inst.* 3, 7, 9; 4, pr. 2; 10, 1, 91], there is no doubt that it was published before that emperor's assassination in September 96", escribe G. Kennedy, *Quintilian*, p. 28. Sobre la adulación de Domiciano por parte de Quintiliano, cf. J. Adamietz, M. F. Quintiliani *Inst. Orat. Lib. III*, p. 159, y J. Cousin, Quintilien, *Inst. Orat.* Tomo VI, pp. 318 ss. Pero George Kennedy, *Quintilian*, p. 26, ha avanzado una interesante e importante explicación del retiro de Quintiliano en el 90 de su actividad como profesor público: como funcionario de Domiciano, Quintiliano habría podido verse implicado en una labor de informador que le ponía en peligro no sólo a él mismo, sino a sus alumnos y amigos. Quintiliano "had served under the Flavians and supported them, including Domitian, but there were limits". La hipótesis no es infundada, si se considera la campaña acusadora y persecutoria emprendida por algunos oradores, los llamados *delatores*, entre los cuales se encuentran dos de los maestros de Quintiliano, Remio Palemón, el famoso gramático, y Domicio Afro (cf. J. Cousin, Quintilien, *Inst. Or.* Tomo I, p. LIV).

7 Cf. Plin. *epist.* 2, 14, 9; 6, 6, 3 (v. nota 3).

mérito de hacernos revivir aquellos años, Quintiliano vivió en un periodo lleno de acontecimientos: el Imperio se extendió a la *Britannia* y casi alcanzó sus fronteras más lejanas, que pronto alcanzaría Trajano; la religión cristiana empezó a extenderse por Roma [8]; en Roma fue construido el Coliseo y en el 79, una terrible explosión del Vesuvio destruyó Pompeya, Herculano y Estabia, matando a la mayor parte de sus habitantes.

Y la retórica y la oratoria, ¿en qué situación se encontraban en tiempos de Quintiliano? No muy buena, si el propio Quintiliano, en torno al 89, compuso una obra, *De causis corruptae eloquentiae*, una obra a la cual se refiere él mismo de un modo explícito en 6, pr., 3 (*Nam ita forte accidit, ut eum quoque librum, quem de causis corruptae eloquentiae emisi iam scribere adgressus ictu simili ferirer*) y alusivo en 2, 4, 42 y 8, 3, 58 [9]. Se trata de un tema tratado por Curiacio Materno en el *Dialogus de Oratoribus* (40, 2-41) y Materno llega a la acertada conclusión de que el final de los procesos políticos ha determinado el final de la gran elocuencia. Los procesos políticos eran una antigua tradición romana. Los encontramos, en efecto, ya ambicionados por Catón el Censor, y Erich Gruen y Jean-Michel David han sacado a la luz cuán vasta fue esta actividad en los últimos dos siglos de la *República* [10]: la elocuencia de Cicerón también encontró muy a menudo su lugar en la actividad política, ya a partir del *Pro Roscio Amerino* y de las *Verrinae*, para manifestarse en las *Catilinariae*, en el *Pro Milone* y en las *Philippicae* y en otros muchos discursos. Naturalmente, tampoco ha faltado quien ha tratado de ver en el *Dialogus de Oratoribus* el *De causis corruptae eloquentiae* de Quintiliano, aunque se trate de un estudioso con una fantasía a menudo demasiado desbordada como Leon Herrmann [11]. De todos

---

8 Flavio Clemente, que se había casado con Domitila, hija de la hermana del emperador, y que era padre de dos hijos adoptados por Domiciano para convertirlos en sus herederos con el nombre, respectivamente, de Vespasiano y Domiciano, fue condenado a muerte con la acusación de impiedad, ligada a prácticas de la religión hebrea, entendida como Cristianismo por Dion. Cas. 67, 14.

9 Cf. J. Cousin, Quintilien, *Inst. Or.* Tomo IV, p. 3 nota 1.

10 Cf. E. Gruen, *Roman Politics and the Criminal Courts*, 1968 y J.-M. David, *Le patronat judiciaire*, pp. VII-XXI, 281-320, 407-495.

11 L. Herrmann, "Quintilien et le *Dialogue des orateurs*", *Latomus* 14, 1955, 349-369; Id., "Recherches sur Dion de Pruse et le traité du Sublime", *Antiquité Classique* 33, 1964, 73-85; Id., "Encore le *Dialogue des orateurs* et Quintilien", *Latomus* 24, 1965, 845-857. En relación con esto, hay que observar que, si bien hacer corresponder el *Dialogus* con el *De causis corruptae eloquentiae* resulta demasiado arduo, sin embargo, queda por resolver el problema de la relación entre el

modos, la relación entre oratoria (y retórica) y política no cesó ni siquiera en el periodo del imperio, pero se manifestó a través de la actividad de los *delatores*, entre los cuales se incluyen, como hemos visto, dos maestros del propio Quintiliano, como Remio Palemón y Domicio Afro, y se trata de una actividad ciertamente odiosa, aunque no tan despreciable como nos pueda parecer, si se tiene en cuenta el hecho de que en el ámbito judicial del momento faltaban instituciones que garantizaran la persecución de los delitos como nuestra Fiscalía de la República o de la Monarquía. Pero en realidad, el delito perseguido por los *delatores* era normalmente el *crimen maiestatis* que atacaba al emperador. Además, queda otro aspecto de la decadencia de la retórica (política) que debe ser considerado: el efecto que tal decadencia tuvo sobre el desarrollo del derecho. En el periodo republicano, el derecho, incluso el representado por gigantes como Quinto Mucio y Sulpicio Rufo, debía compartir con la retórica el interés de los jóvenes más sobresalientes, como los grandes oradores Antonio y Craso, y Rutilio y Cota, y Hortensio y Cicerón. En algunos casos como el de Sulpicio Rufo, los jóvenes se mostraban indecisos entre un *ars* y la otra, la del derecho y la de la oratoria (retórica) e, incluso, como le sucedió a Sulpicio, prefirieron ser los primeros en la segunda de estas *artes*, es decir, en el derecho, que segundos en la primera (la oratoria y la retórica). Así interpreta Cicerón (*Brut.* 151) la elección de Sulpicio Rufo. Ahora bien, el abandono de la retórica política ciertamente dejó un mayor espacio y atención hacia los casos judiciales normales, en los cuales se desarrolló la sutil y aguda actividad interpretativa de los juristas. Pero, ¿sufrió realmente la retórica un abandono? Ciertamente, sí la retórica política, pero en cuanto a la otra, hay que matizar y aclarar. La retórica se convirtió en la disciplina fundamental del *training* de los jóvenes romanos de las clases más elevadas. En este tiempo, la educación se desarrollaba en Roma en tres fases. En la primera fase, la educación se llevaba a cabo en casa y los niños aprendían a leer y a escribir. Posteriormente, iban a la escuela de un gramático, donde aprendían no sólo lengua, sino también literatura, geometría, música y gimnasia. En la tercera fase, de la cual quedaban normalmente excluidas las niñas, los jóvenes, ya *adulescentes*, iban a

---

Dialogus y la *Institutio Oratoria* de Quintiliano. Esto ha sido tratado por Karl Barwick, "Der *Dialogus de oratoribus* des Tacitus", 1954, discutido por R. Güngerich en *Gnomon* 27, 1955, 439-442.

la escuela del rétor, donde aprendían todo cuanto Quintiliano enseña en la *Institutio Oratoria* y lo aprendían también con ejercicios prácticos, denominados θέσεις. Esto y la aplicación a la literatura y también a la filosofía (en particular, a la lógica que encontraba una aplicación en la doctrina de la argumentación), han permanecido en el transcurso del tiempo, en los últimos siglos del Imperio, en la Edad Media y en el Renacimiento, y en el siglo XVII y XVIII, como los aspectos más vitales de la retórica, hasta el Romanticismo, y en nuestro tiempo, un periodismo casi siempre y cumpliendo el típico proceso de nuestro tiempo, atento con mayor frecuencia tan sólo a las imágenes y casi indiferente a los valores de la moral y de la verdad: desconocer cuanto no se conoce. Tarea de los clasicistas es levantar todavía esta antorcha de la civilización del diálogo y de la persuasión en un mundo embrutecido como el de hoy en día: *cedant arma togae*, la invitación que Cicerón ingenuamente lanzaba en un mundo lleno de espadas se repite todavía hoy y, por su utilidad, ya no resulta tan ingenuo, y se repetirá siempre hasta que aquellos seres vivos más evolucionados que los otros que se llaman hombres no reconozcan el inconmensurable valor de la palabra y de su uso para convivir con los otros hombres. Esto es lo que hoy sigue enseñándonos Marco Fabio Quintiliano, que tuvo la fortaleza de espíritu de no ceder a la desesperación de sus terribles desventuras familiares, para enseñar a los hombres a hablar entre sí y a formarse con este objetivo, no sólo el más noble que la humanidad haya conocido, sino el único que puede elevar a los hombres más alto que los otros seres que pueblan la tierra, incluso cuando alguno, que se cree y quiere ser tenido por alguien especialmente inteligente, nos diga que ésta es pura retórica.

Y ahora dos palabras sobre este libro que ha nacido gracias a la generosa colaboración, y más que colaboración, de los amigos españoles, que han reunido y traducido alguno de mis artículos y uno de Lucia Montefusco. Dos de estos artículos tratan sobre Plinio el Joven y uno, sobre su relación con Tácito. Con Plinio nos encontramos realmente ante un alumno de Quintiliano y con Tácito, ante un posible alumno. En el título he intentado tener esto en cuenta, hablando de la escuela de Quintiliano, que es mucho más que una escuela para un hombre que se realizó sobre todo en la escuela. Ciertamente, no tanto en la escuela que dirigió con su actividad, sino más bien en la escuela en la que influyó con su *Institutio Oratoria*. En cualquier caso, la *Institutio* había nacido también en aquella escuela que nos muestra a Plinio como uno de los alumnos. Cómo era de ingenioso, es la primera cuestión que nos salta a la vista, pero precisamente por esto he querido expresar en las líneas precedentes con una cierta dureza mi aversión a la inteligencia pura y simple, a la inteligencia de quienes siempre quieren saber más que los otros, para dar, en cambio, valor y crédito a la palabra como base de la solidaridad humana y a la retórica, demasiadas veces ridiculizada por los inteligentes, quienes, sin embargo, olvidan que la primera regla del acuerdo humano es la de convivir juntos, no la de engañarse y burlarse unos de otros, y es la de dudar, si se es realmente inteligente, según dicen, de la propia inteligencia de uno mismo. Por ello, no sólo recuerdo con agradecimiento a los colegas y amigos españoles que han realizado este libro, en primer lugar, al profesor Emilio del Río Sanz y a sus colegas Eva Marqués, que ha estado en contacto conmigo para la organización de este libro, y, junto a ella, a Jorge Fernández López, a Mª Ángeles Díez Coronado y a José Ignacio Merino Martínez, que han traducido nuestros textos. No sólo los recuerdo con gratitud junto a la bella ciudad de Calahorra, en la espléndida región de La Rioja, sino con una gratitud que considera la amistad, sostenida y alimentada por la gratitud, como el sentimiento más alto, no sólo para un rétor, que es el corifeo natural, sino para cualquier hombre.

He escrito estas páginas en el momento de la destrucción de las Torres Gemelas, pero no olvido, más allá de este episodio que ha turbado todo por la barbarie del asesinato de tantos inocentes, la destrucción de Dresden, de Hiroshima y de Nagasaki y, anteriormente, los bombardeos de Londres, con el recuerdo constante de todas las víctimas civiles de guerras inhumanas y, en primer lugar, de mi padre, muerto en 1943 en una iglesia de Bolonia destruida por bombas americanas. Dicho esto, quiero añadir que no he olvidado los que escribe Menandro: ᾿Αδ. β’ 7 Koerte οὐ παντελῶς δεῖ πονηροῖς ἐπιτρέπειν, / ἀλλ᾿ ἀντιττάθεσθ᾿· εἰ δὲ μή, τἄνω κάτω / ἡμῶν ὁ βίος λήσει μεταστραφεὶς ὅλος “No hay que ceder, de ninguna manera, a los malvados; si no, nuestra vida será arruinada hasta lo más hondo”. Así pues, no hay que ceder ante la violencia. Pero, ¿qué es la violencia? ¿Acaso no sufrimos cada día la violencia de quien habla desde la televisión, desde los periódicos, quitando a todos los demás la palabra? A mí me sucede que veo en los periódicos siempre la misma firma y que leo y oigo a periodistas, a políticos, a hombres y mujeres conocedores del poder de la comunicación una serie de banalidades y de estupideces presentadas como cosas agudas, inteligentes o, al menos, interesantes. La elite está constituida la mayoría de las veces por personajes banales, *yes-men* y *yes-women* –y una señora, "si dice "sí", no es una señora". No resulta fácil que la elite sea de otro modo y todos los tiempos han tenido las mismas dificultades. Ciertamente. Pero hoy tenemos una crisis especial: se ha expulsado a las viejas glorias, a la vieja "retórica", por seguir en nuestro tema, y se los ha sustituido por la "comunicación", por la civilización de los rascacielos, por el mercado "global". Por lo tanto, parece ser que nos encontramos en un momento de crisis en el que el recién llegado todavía no ha aprendido del viejo todos los trucos de un poder que es siempre odioso si no es humano, que todavía no ha aprendido a vestirse con los ropajes de la humanidad. En tal caso, ¿debe asistir a la escuela de la vieja retórica de Aristóteles, Cicerón, Quintiliano *et ceteri* la nueva "comunicación" & Co.? ¿Qué podría aprender un mundo que corre con la velocidad del *jet* de un sistema que andaba con la velocidad del caballo? Los bárbaros, perdón, los Bárbaros emplearon más de cuatro siglos para abatir el Imperio Romano. El Imperio Soviético ha durado ochenta años. ¿Cuánto el Americano? ¿Pero es que siempre deseamos los imperios? En este punto no quisiera ser malentendido. El problema del Imperio ya lo trataba Tucídides en el diálogo de los melios. La historia demuestra que los imperios sirven para salvar a sus súbditos. Porque un imperio sólo podrá ser vencido por otro imperio y el vencedor no podrá matar a todos los súbditos del imperio vencido. Pero el Imperio Romano fue vencido por el Imperio Germánico y por el Árabe, pero, mientras que el Imperio Germánico salvó a los súbditos del Imperio Romano y aceptó volverse él mismo Imperio Romano, además, Sacro, los árabes destruyeron la cultura de los súbditos del Imperio Romano y no sólo la cultura. Por ello, yo sigo pensando con gratitud en los maestros bizantinos que, con el fuego griego, destruyeron la flota de los árabes que asediaban Constantinopla; en los caballeros francos, que, con sus largas lanzas, abatieron a los musulmanes en Poitiers; en el valiente pueblo de Castilla y de León que, tras ocho siglos de guerra, expulsó a los Moros del suelo español en el año *mirabilis* de 1492, en el que España descubrió América. Yo me encuentro indeciso y dividido entre estos dos polos del pensamiento, la paz y la resistencia a la violencia, como creo que nos encontramos todos. Por ello, intentemos avanzar un poco más adelante con nuestro pensamiento, sin tantos fingimientos y miedos de ofender esto o aquello y sin olvidar que existen "sucios" intereses detrás de todas las guerras, gas y petróleo y opio y más petróleo en los penúltimos y últimos acontecimientos. Petróleo que lubrifica muchos patriotismos siempre poco probables en los más grandes personajes del poder y opio y petrodólares. Resulta extraño que los hombres, que pretenden ser muy diferentes de los otros animales de la tierra, masacren a éstos para comer y para hacerse vestidos, ornamentos y símbolos; los hombres que pretenden ser el pueblo elegido, hijos de Dios, siervos de Dios, se comporten como manadas de lobos o de hienas, siguiendo siempre a un cabecilla, no importa que sea hombre o mujer, siempre a una fe construida por otros, a saber con qué intereses e impulsos. Hay que permanecer siempre dentro del rebaño, sin pensar que el jefe y los jefes y los profetas se mueven por intereses o motivos o impulsos personales. Durante el triste suceso del cual han nacido estas reflexiones, los hombres se salieron del rebaño en tres ocasiones: en el heroísmo de los bomberos y policías de Nueva York; en el heroísmo de los pasajeros del cuarto avión secuestrado y precipitado cerca de Pittsburgh, quienes, según parece, se lanzaron contra los secuestradores dando ya por perdida su vida; y en el sombrío heroísmo de los secuestradores, que se han inmolado por sus ideas, no obstante, con la diferencia fundamental de que los dos primeros grupos han sido llamados a la salvación o a la resistencia de la agresión de los otros, mientras que los últimos, por el contrario, lo han sido por el fanatismo que rechaza la vida en la esperanza de una recompensa futura. En estos tres momentos ha estado presente una dimensión de la que el hombre, comprensiblemente, tiende a olvidarse, la de la desesperación y la Muerte, una dimensión que parece ser capaz de inspirar comportamientos y sentimientos más grandes que lo común y que la banalidad de la vida cotidiana. Los antiguos tenían esto bien presente. Basta pensar en la tragedia griega. "*Stabant in limine mortis*", como escribe Pascoli en el "Centurio" (v. 5) de los últimos y audaces opositores del Imperio Romano [12]. También Quintiliano estaba "*in*

12 La noticia está tomada de Floro, 2, 26 y se refiere a los mesios, pero después se ha cargado de aquella fuerza poética que sabe despertar los pensamientos y los sentimientos de Giovanni Pascoli, un poeta capaz de hablar a nuestro tiempo con una voz que roza la profundidad del espí-

limine mortis" cuando terminó la *Institutio Oratoria*. También todos nosotros estamos, de hecho, "*in limine mortis*". Sería bueno que no nos olvidáramos de esto, si no por otra cosa, ... para apreciar la vida.

ritu. Cito el pasaje y la traducción italiana por la edición de Manara Valgimigli, Mondadori, Milano 1954, pp. 246 ss.: vv. 4-7 *Sine te exoremus ut unos / in toto Moesos intactos orbe revincas. / Quae vox illa fuit? Quo tuti flumine, quales / arcubus adductis stabant in limine mortis? / Nonne illi vobis: "Quinam vos estis?" At illis / vos: "Rerum domini". "Si nosmet frangitis, estis"?* "Come fu che alla fine vinceste anche i Mèsi, gli unici che in tutto il mondo erano rimasti intatti? Quale fu quella loro parola? Dietro qual fiume si ripararono? Che faccia avevano quando laggiù, dritti, con gli archi tesi, stavano sul limitare di morte? Non dissero costoro a voi "Chi siete?", e voi a loro "I signori del mondo"; e quelli "Sì, se spezzerete anche noi?". Cf. para las noticias sobre el poemita latino "Centurio" el comentario de Giulio Puccioni en Giovanni Pascoli, *Centurio, commento, saggio critico e indici*, Ed. dell'Ateneo, Roma 1968, pp. 26 ss.

I Quintiliano entre gramática y retórica

Gualtiero Calboli

PARTE I: EL LAMENTO

Quintiliano comenzó su *Institutio Oratoria* dedicando casi un libro entero, el primero, a la gramática y, sin embargo, abre el libro segundo adoptando una postura en contra de los gramáticos que se han adueñado de las atribuciones propias de la retórica:

(1) Quint. *inst.* 2, 1, 1-3 *Tenuit consuetudo, quae cotidie magis invalescit, ut praeceptoribus eloquentiae, Latinis quidem semper, sed etiam Graecis interim, discipuli serius quam ratio postulat traderentur. Eius rei duplex causa est, quod et rhetores utique nostri suas partis omiserunt et grammatici alienas occupaverunt. Nam et illi* [los rétores] *declamare modo et scientiam declamandi ac facultatem tradere offici sui ducunt idque intra deliberativas iudicialisque materias; nam cetera ut professione sua minora despiciunt, et hi* [los gramáticos] *non satis credunt excepisse quae relicta erant* [...] *sed ad prosopopoeias usque* [*ac suasorias*],[1] *in quibus onus dicendi vel maximum est, inrumpunt* [...]. *Ita non ante ad declamandi magistrum mittendus videtur puer, quam declamare sciat.*

En este pasaje Quintiliano se disgusta por el hecho de que los gramáticos se ocupen ahora de las *prosopopoiae*, ejercicios en los que se imitaba el carácter de un personaje dado, y se lamenta de que los rétores hayan abandonado un espacio que ha sido ocupado por los gramáticos. Este espacio lo constituyen las *prosopopoiae* que son *suasoriae*, pero más difíciles que las *suasoriae*, porque "al trabajo que implica el discurso suasorio hay que aña-

---

1. La lectura de los manuscritos es *ad suasorias*, pero Obrecht la cambia por *ac s.* M. Winterbottom, *Some Problems*, p. 123, propuso la supresión de las palabras *ac suasorias* como glosa innecesaria de *prosopopoias*: "We may then with propriety delete *ad suasorias* as a gloss on *prosopopoeias*: imported surely from §8, where of the same phenomenon, the words '*nam si grammatices munus usque ad suasorias prorogatur*' are used". Es una supresión probable, pero incierta.

dir, además, la dificultad de construir el personaje" (como explica el mismo Quintiliano):

(2) Quint. *inst.* 3,8,49 *in quibus ad relictum suasoriae laborem accedit etiam personae difficultas: namque idem illud aliter Caesar, aliter Cato suadere debebit.*

Por tanto, los gramáticos se dedicaban también a la declamación de las *suasoriae.* Muy recientemente (1992) Roberto Nicolai (*La storiografia nell'educazione antica*, p. 215) nos recordó el pasaje de Quintiliano que acabo de citar (número 1), tras haber tratado cuidadosamente de las estrechas relaciones que han mantenido durante largo tiempo los rétores y los gramáticos. Es una relación que puso de manifiesto explícitamente Suetonio en su obra *De grammaticis et rhetoribus*:

(3) Suet. *Gramm.* 4,6-10 *Veteres grammatici et rhetoricam docebant [...]. Secundum quam consuetudinem posteriores quoque existimo, quamquam iam discretis professionibus, nihilo minus vel retinuisse vel instituisse et ipsos quaedam genera meditationum ad eloquentiam praeparandam, ut problemata, paraphrasis, adlocutiones, aetiologias atque alias hoc genus, ne scilicet sicci omnino atque aridi pueri rhetoribus traderentur. Quae quidem omitti iam video desidia quorundam et infantia: non enim fastidio putem. Me quidem adulescentulo, repeto quendam Principem nomine alternis diebus declamare, alternis disputare, nonnullis mane vero disserere, post meridiem remoto pulpito declamare solitum.*

Por ejemplo, Antonius Anipho, el famoso gramático, maestro de César y de Cicerón (Suet. *Gramm.* 7,3), *docuit autem et rhetoricam, ita ut cotidie praecepta eloquentiae traderet* ("enseñó igualmente retórica, dando a diario lecciones de elocuencia"). Por tanto, el primer problema que se plantea es el de saber no en qué medida utilizó Quintiliano la gramática y la retórica de la *elocutio* –esto viene después–, sino en qué plano de relación colocó las dos artes, la gramática y la retórica, si consideramos que existía una polémica entre ellas y sin olvidar que Quintiliano tal vez había estado en la escuela del famoso gramático Remio Palemón. La cuestión es dudosa, dada la falta de referencias precisas por parte de Quintiliano: muy escéptico se muestra a este respecto J. Cousin, *Quintilien*, Tomo I, p. 83, nota 3, mientras que G. Kennedy, *Quintilian*, p. 142, nota 7, presenta el problema y recuerda el punto más importante, la noticia de que Quintiliano fue alumno de Remio Palemón la proporciona el Escoliasta de Juvenal 6, 452.[2] Se trata, entonces, de una información antigua que se debe tomar con una actitud crítica. M. Nicolai (*La storiografia nell'educazione antica*, p. 232 ss.) tomó en consideración las informaciones que tenemos sobre esta polémica. Se trata, en su opinión, de cinco textos, de Teón, de Petronio, de Quintiliano, de Tácito y de Suetonio. Teón, al principio de sus Progumnavsmata, se lamenta de que los estudiantes lleguen continuamente a las causas judiciales y deliberativas sin haber hecho los ejercicios que deberían conocer:

(4) Theon, II 59, 7-10 Spengel καὶ τὸ πάντων ἀγροικότατον, ὅτι οὐδὲ οἷς προσῆκόν ἐστιν ἐγγυμνασάμενοι, ἐπὶ τὰς δικανικὰς καὶ δημηγορικὰς ἵενται ὑποθέσεις "lo más lamentable de todo es que, ni siquiera a quienes les resulta conveniente, van hacia las hipótesis judiciales y deliberativas sin estar bien formados"

Teón, que vivió poco más o menos en el siglo I d. C., se queja de que la cultura retórica enseñada por los gramáticos se ha reducido solo a esta actividad, sin las ἐγκύκλια μαθήματα que son necesarias para el orador (Theon, II 59, 5-7 ὥστε οὐδέ τῶν ἐγκυκλίων καλουμένων μαθημάτων ὁτιοῦν μεταλαμβάνοντες ᾄττουσιν ἐπὶ τὸ λέγειν "de modo que, incluso sin haber aprendido nada de los conocimientos que llamamos generales, se lanzan a pronunciar discursos"). Próxima a esta postura, según M. Nicolai (p. 220), es la queja que Petronio pone en boca del rétor Agamenón en el capítulo 4 del Satiricón: lamenta que los niños sean enviados a la escuela de retórica sin ninguna preparación filosófica:

(5) Petron. 4, 3 [el que habla es el rétor Agamenón, pero se supone, con acierto, que expresa el pensamiento del mismo Petronio, v. P. Soverini, *Teorie Retoriche*, pp. 1723-1728] *quod si paterentur laborum gradus fieri, ut studiosi iuvenes lectione severa irrigarentur, ut sapientiae praeceptis animos componerent, ut quod vellent imitari diu audirent, <ut persuaderent> sibi*

2. De hecho se lee en los *Scholia in Iuvenalem*, edición de P. Wessner (Stuttgart 1967 [=Leipzig 1941]), p. 102, un comentario del verso, *odi/hanc [sc. matronam] ego quae repetit volvitque Palaemonis artem: 'Pal<a>emonis arte<m>': grammatici, magistri Quintiliani oratoris.*

nihil esse magnificum quod pueris placeret, iam illa grandis oratio haberet maiestatis sane pondus

Walter Kissel (*Petrons Kritik der Rhetorik*, p. 319) también interpreta las *sapientiae praecepta* como "Beschäftigung mit der Philosophie" y es la traducción empleada también por Alfred Ernout en la edición de Petronio en "Les Belles Lettres": "de manera que los jóvenes estudiantes aprendan a empaparse de lecturas serias, a regular su corazón al amparo de las lecciones de la filosofía".[3] Paolo Soverini hizo una atenta reseña de las diferentes opiniones sobre el pasaje de Petronio que acabo de citar[4] y nadie ha tenido en cuenta el elemento señalado por Roberto Nicolai, es decir, algo que esté próximo a la polémica entre gramática y retórica. Yo mismo no comparto por completo la idea de R. Nicolai de que los dos primeros textos conciernen a la polémica entre gramática y retórica. En mi opinión, se trata más bien de la misma reprobación contra la falta de conocimiento filosófico de los rétores que se encuentra ya en Cicerón. Suficiente será citar, a este respecto, el trabajo fundamental de Karl Barwick (*Das Rednerische Bildungsideal Ciceros*, p. 13-17) que no solamente recuerda en la p. 15 el pasaje de Teón que hemos tomado en consideración, sino también los de Dionisio de Halicarnaso (I, p. 3, Us.-Rad., v. después) y de Apuleyo (*Flor.* c. 20) en los que estos autores reprueban la decadencia de la retórica desprovista de la filosofía. Lo mismo podemos decir del pasaje de Tácito, *Diálogo de los Oradores* 28-32, donde Mesala presenta las razones de la decadencia del arte de la oratoria romana: los jóvenes ya no se preparan como Cicerón que había aprendido el *ius civile* con Q. Mucio, la filosofía con Filón el académico y el estoico Diódoto ("Diálogo", cap. 30). Por el contrario Quintiliano y Suetonio en los pasajes citados (1 y 2) se refieren directamente a la polémica entre gramática y retórica. Por otro lado, tampoco puedo aceptar la idea de R. Nicolai (p. 222 ss.) según la cual se deben distinguir períodos diferentes: en el período más antiguo se descuidaría la preparación gramatical y retórica (es el tiempo de Teón, Petronio y Tácito), en un segundo período (Quintiliano y la juventud de Suetonio) los gramáticos se habrían adueñado de ciertos *progymnasmata*

3. V. a este respecto también C. Pellegrino, *Satyricon*, p. 140 ss.
4. V. P. Soverini, *Teorie retoriche*, pp. 1713-1738.

abandonados por los rétores y, finalmente, en un tercer período (Suetonio) los *progymnasmata* habrían sido abandonados también por los gramáticos. En efecto, me parece difícil aceptar esta división en períodos, puesto que Tácito se incluye, desde el punto de vista cronológico, entre Quintiliano y Suetonio, y, después de Suetonio, la queja contra el abandono de la filosofía vuelve en Apuleyo (*Flor.*, cap. 20), aunque sea de una forma atenuada, pues se limita a decir que la mayor parte de los jóvenes se detienen en la gramática y en la retórica, mientras que él mismo en Atenas bebió también de la crátera de la filosofía:

(6) Apul. *flor.* 20 *prima creterra litteratoris rudimento excitat, secunda grammatici doctrina instruit, tertia rhetoris eloquentia armat: hactenus a plerisque potatur. ego et alias creterras Athenis bibi: poetiace comptam, geometriae limpidam, musicae dulcem, dialecticae austerulam, iam vero universae philosophiae inexplebilem scilicet <et> nectaream.*

Sin embargo, hay una idea común en todos estos pasajes y es la idea de que los gramáticos o los filósofos se han introducido en un espacio vacío porque, simplemente, el espacio vacío no lo han llenado quienes debían hacerlo, los rétores, o –y se trata de otra posibilidad que se ha concretado– porque los gramáticos se han ubicado en el espacio de la retórica y ya no lo han abandonado. De todas formas, los gramáticos y los filósofos ocuparon un espacio propio de la retórica y los malos rétores no hicieron nada por recuperar este espacio y dar a los jóvenes una buena formación retórica, es decir, una formación retórica que no se vea privada de la filosofía, en otras palabras de la ἐγκύκλιος παιδεία. Así Dionisio de Halicarnaso habla de un lugar (τάξις) que fue abandonado por la buena retórica antigua y ha sido ocupado por la mala retórica de su época:

(7) a. Dion. Hal. I p. 3, 10-4,4 Us.-Rad. ἡ μὲν ἀραία καὶ φιλόσοφος ῥητορικὴ προπηλακιζομένη καὶ δεινὰς ὕβρεις ὑπομένουσα καταλύετο [...] ἑτέρα δέ τις ἐπὶ τὴν ἐκείνης παρελθοῦσα τάξιν, ἀφόρητος ἀναιδείᾳ θεατρικῇ καὶ ἀναγωγος καὶ οὔτε φιλοοσοφίας οὔτε ἄλλον παιδεύματος οὐδενὸς μετειληφυῖα ἐλευθερίου, λαθοῦσα καὶ παρακρουσαμένη τὴν τῶν ὄχλων ἄγνοιαν, οὐ μόνον ἐν εὐπορίᾳ καὶ τρυφῇ καὶ μορφῇ πλείονι τῆς ἑτέρας διῆγεν, ἀλλὰ καὶ τὰς τιμὰς καὶ τὰς προστασίας τῶν πόλεων, ἃς ἔδει τὴν φιλόσοφον ἔχειν, εἰς ἑαυτὴν ἀνηρτήσατο "la retórica antigua, fundada sobre la filosofía,

había sido arrastrada por el lodo, sometida a los peores ultrajes; estaba agotada. [...]. Ocupó su lugar otro tipo de retórica, insoportable por su pomposa insolencia, desordenada, rebelde a toda filosofía y a toda cultura intelectual; con disimulo, se burlaba de la ignorancia de las masas. No sólo superaba con mucho a la otra por la opulencia, la suntuosidad, la prestancia sino que los cargos de las ciudades, los puestos de dirección que nos deberían haber vuelto a la retórica filosófica, ella los había confiscado en su provecho".

b. Theon, *prog.* 1, p. 59, 1 ss. Οἱ μὲν παλαιοὶ τῶν ῥητόρων, καὶ μάλιστα οἱ εὐδοκιμηκότες, οὐκ ᾤοντο δεῖν ἐφικέσθαι τρόπον τινὰ τῆς ῥητορικῆς πρὶν ἀμωσγέπως ἅψασθαι φιλοσοφίας, καὶ τῆς ἐκεῖθεν ἐμπλησθῆναι μεγαλονοίας· νῦν δὲ οἱ πλείους τοσοῦτον δέουσι τῶν τοιούτων λόγων ἐπαΐειν, ὥστε οὐδὲ τῶν ἐγκυκλίων καλουμένων μαθημάτων ὁτιοῦν μεταλαμβάνοντες κτλ. "los rétores antiguos y sobre todo los célebres, no pensaban en poder ganar un lugar en la retórica, antes de haberse aplicado de alguna manera a la filosofía y de haber alcanzado sus cumbres; por el contrario la mayoría de los de ahora dejan de escuchar sus discursos, de manera que sin participar de sus conocimientos que llamamos generales, etc."

c. Petron. 4, 3 *quodsi pateretur* [...] *ut sapientiae praeceptis animos componerent* (v. n. 5).

d. Quint. *inst.* 2, 1, 1 *rhetores utique nostri suas partis omiserunt et grammatici alienas occupaverunt* (v. n. 1).

Y en lo que concierne al lugar de la retórica ocupado por los filósofos:

Quint. *inst.* 1. 10, 11 *erit etiam oratori necessaria [sc. musice], si quidem* [...] *haec quoque pars, quae ab oratoribus relicta a philosophis est occupata, nostri operis fuit, ac sine omnium talium scientia non potest esse perfecta eloquentia.*

Quint. *inst.* 12, 2, 8 *Sed quia deserta ab iis, qui se ad eloquentiam contulerunt, studia sapientiae non iam in actu suo atque in hac fori luce versantur, sed in porticus et gymnasia primum, mox in conventus scholarum recesserunt, id quod est oratori necessarium nec a dicendi praeceptoribus traditur, ab iis petere nimirum necesse est, apud quos remansit.*

e. Suet. *gramm.* 4, 6 *grammatici* [...] *posteriores* [...] qu*amquam iam discretis professionibus, nihilo minus vel retinuisse vel instituisse et ipsos quaedam genera meditationum ad eloquentiam praeparandam, ut problemata, paraphrasis, adlocutiones, aetiologias atque alias hoc genus* (v. n. 2).

f. Apul. *flor.* 20 *hactenus a plerisque potatur* (v. n. 6).

El texto más detallado es el de Quintiliano y, en efecto, esta idea es muy importante para nuestro autor, es decir, la idea de que el rétor no debe dejar sin cubrir una parte de su actividad. Por otra parte, se trata, como hemos visto, de una idea que ya encontramos bien desarrollada en Cicerón en lo que respecta a la relación de la retórica y la filosofía. Cicerón se indigna en muchos de los pasajes que ha recogido Lucia Montefusco (*La dottrina degli "status"*, pp. 43 ss.) por el hecho de que los rétores (tal vez a partir de Hermágoras o de su tiempo) hayan dejado a un lado las θέσεις, es decir, las ζητήματα ἀόριστα (las cuestiones indefinidas), para dedicarse solamente a las ζητήματα ὡρισμένα (las cuestiones definidas). La consecuencia fue que los peripatéticos y los filósofos de la Academia se apropiaron de esta parte más general de la retórica, es decir, de las θέσεις:

(8) Cic. *de orat.* 3, 108 *Sed quoniam de nostra possessione depulsi in parvo et eo litigioso praediolo relicti sumus et aliorum patroni nostra tenere tuerique non potuimus, ab iis, quod indignissimum est, qui in nostrum patrimonium inruperunt, quod opus est nobis, mutuemur.*

No puedo entrar con profundidad en esta cuestión, pero esto es suficientemente importante, si se considera qué papel representó Cicerón para Quintiliano. Véase el juicio de Quintiliano sobre Cicerón en *inst.* 10, 1, 105-112, juicio que concluye con las palabras justamente célebres: *Hunc* [sc. *Ciceronem*] *igitur spectemus, hoc propositum nobis sit exemplum, ille se profecisse sciat, cui Cicero valde placebit.* "Tengamos, pues, su imagen (de Cicerón) delante de los ojos; propongámosle como ejemplo para nosotros: quien se deleite con Cicerón, sepa que en el mismo grado le ha aprovechado".

Así pues, Quintiliano, siguiendo lo que Cicerón nos dice para la filosofía, se guardó mucho de dejar su actividad a los gramáticos y trató de la gramática en su *Institutio Oratoria* (*inst.* 1, 4 ss.) y dedicó dos libros, el octavo y el noveno, a los tropos y las figuras.[5] Pero esto nos lleva a tomar en consi-

5. El autor de la *Retórica a Herenio* ya había dedicado a las figuras (y a los tropos) mucho espacio en el libro cuarto, en el que trató de la elocutio. En efecto, la doctrina de las figuras ocupa casi por completo este libro: en la edición de Friedrich Marx (1894) poco más o menos 20 páginas del libro cuarto ocupan la introducción y la teoría de los tres tipos de estilo, mientras que 70 las figuras y los tropos.

deración un aspecto que se ha puesto de moda después del libro de Marc Baratin (*La naissance de la syntaxe à Rome*, pp. 261-322). M. Baratin sostiene la idea de que la doctrina de las figuras interrumpió el desarrollo de la sintaxis a propósito del solecismo, donde la sintaxis había comenzado a desarrollarse. Veamos ahora el problema más en detalle.

PARTE II: LA VENGANZA

Quintiliano deplora que los gramáticos hayan ocupado un lugar propio de los rétores, pero, a su vez, no ha vacilado en tratar en su *Institutio Oratoria* sobre la gramática –se puede observar a primera vista– y, después de los capítulos dedicados a la corrección oral y gráfica en el primer libro, escribe que va a tratar sobre la claridad y la ornamentación de una manera más amplia en los libros dedicados a los tropos y figuras:

(9) Quint. *inst.* 1, 7, 32, *Haec fere sunt emendate loquendi scribendique partes; duas reliquas significanter ornateque dicendi non equidem grammaticis aufero sed, cum mihi officia rhetoris supersint, maiori operi reservo.*

En efecto, se observa en Quintiliano la preocupación de no ser injusto con los gramáticos, y no solamente en este pasaje, sino aún de manera más explícita en el siguiente:

(10) Quint. *inst.* 1, 5, 54 *Hactenus de soloecismo: neque enim artem grammaticam componere adgressi sumus, sed, cum in ordinem incurreret, inhonoratam transire noluimus.*[6]

---

6. *Inhonoratam* es la lectura de los manuscritos aceptada por Winterbottom. Kiderlin [*Neue Jahrbücher für Philologie* 131, 1885, 114-136] sugirió leer *inhonoratum* concordándolo con *soloecismo* que viene una línea más arriba y esta conjetura la aceptó en su texto J. Cousin. En efecto, la referencia a la gramática (*inhonoratam*) es más difícil si se considera que Quintiliano habla en ese lugar del solecismo, pero honrar al solecismo antes que a la gramática no es menos difícil (J. Cousin traduce: "je n'ai pas voulu passer outre sans lui faire honneur", mientras que M. Butler lee *inhonoratam* y traduce: "I did not set out to write a treatise on grammar, but was unwilling to slight the science by passing it by without salutation, when it met me in the course of my journey"). Yo creo que la referencia a la gramática, que por otra parte es puesta en cuestión incluso con paréntesis, no sólo es más fácil, sino que demuestra todavía más el respeto de Quintiliano por la gramática (no por el solecismo).

¿Por qué tantos miramientos que llegan hasta la utilización de una palabra rara como *inhonoratus,* empleada solamente dos veces por Cicerón, *Tusc.* 3, 57 y 3, 81 (v. *Th. L.L.* VII, 1598 ss. y el *Thes.* de la Packard)? Si el gramático fuera sólo el que procura enseñar el uso correcto del lenguaje, sería por sí mismo un individuo importante, pero era todavía algo más.

M. Baratin tomó en consideración una cuestión muy importante, es decir, la distinción entre barbarismo y solecismo. La solución de M. Baratin[7] es que "el solecismo se aplica a la combinatoria de las palabras" y la distinción según la cual el solecismo se aplica a muchas palabras, mientras que el barbarismo mira a una palabra solamente, es posterior y debida a una reinterpretación alejandrina de la oposición lexis/logos. No sé si es justa la idea de que la distinción entre barbarismo y solecismo es posterior y debida a la influencia de la gramática alejandrina. En mi opinión, hay que dominar mejor a Teofrasto, pero en todo caso es cierto que el solecismo está ligado a la combinatoria de palabras. Esto se confirma en dos pasajes del propio Quintiliano. En *Inst.* 1, 5, 16 Quintiliano, al tratar del barbarismo, observa:

(11) Quint. *inst.* 1,5, 16 *Absurdum forsitan videatur dicere barbarismum, quod est unius verbi vitium, fieri per numeros aut genera sicut soloecismum: "scala" tamen et "scopa" contraque "hordea" y "mulsa", licet litterarum mutationem, detractionem, adiectionem habeant, non alio vitiosa sunt quam quod pluralia singulariter et singularia pluraliter efferuntur; et "gladia" qui dixerunt, genere exciderunt.*

Y en 1, 5, 34 a propósito del solecismo enuncia la regla de que se trata de un solecismo si la cosa concierne a la combinación de palabras, aunque afecte solamente a una de las palabras, como es el caso del cambio de género en el ejemplo *amarae corticis* (Verg. *ecl.* 6, 62) y *medio cortice* (Verg. *georg.* 2, 74):

(12) Quint. *inst.* 1, 5, 34 *Cetera vitia omnia ex pluribus vocibus sunt, quorum est soloecismus. Quamquam circa hoc quoque disputatum est; nam etiam qui complexu orationis accidere eum confitentur, quia tamen unius emendatione verbi corrigi possit, in verbo esse vitium, non in sermone conten-*

7. V. M. Baratin, *La naissance de la syntaxe à Rome*, p. 320.

dunt, cum, sive "amarae corticis" seu "medio cortice" per genus facit soloecismum (quorum netrum quidem reprehendo, cum sit utriusque Vergilius auctor: seu fingamus utrumlibet non recte dictum), mutatio vocis alterius, in qua vitium erat, rectam loquendi rationem sit redditura, ut "amari corticis" fiat vel "media cortice". Quod manifestae calumniae est: neutrum enim vitiosum est separatum, sed compositione peccatur, quae iam in sermone est.

Aquí no estoy de acuerdo con Jean Cousin, *Quintilien*, Tomo I, p. 96, que traduce así la última frase; "faute résulte de l'assemblage, qui constitue déjà un fait de parole". A J. Cousin le ha distraído la observación de Jacques André, presentada por el propio Cousin en una nota, según la cual Quintiliano emplea aquí la oposición saussuriana lengua/habla. Pero yo sería más prudente, y en todo caso se debe traducir *sermonis* por "lengua" o "grupo de palabras" como por otra parte Cousin mismo traduce el *in sermone* que aparecía algunas líneas más arriba: *in verbo esse vitium, non in sermone contendunt* "sostienen que el error concierne a una palabra, no a un grupo de palabras". Pero volvamos a la postura de Marc Baratin.

Baratin, por lo que concierne al solecismo, observó justamente que hay un punto en el que las figuras de la ornamentación se superponen a las figuras de la corrección. Puesto que en los poetas lo que se considera solecismo se acepta con el nombre de σχῆμα como el *metaplasmos* corresponde en la poesía al βαρβαρισμός de la prosa. En efecto, es bien conocido que hay que distinguir entre las ἀρεταί y la κακίαι τῆς λέξεως, *virtutes et vitia orationis*, las primeras corresponden a las figuras, las segundas a los errores. Es una doctrina desarrollada ya por Teofrasto y completada por los estoicos.[8] Por lo

8. V. para este aspecto, J. Stroux, *De Theophrasti virtutibus dicendi*, pp. 10; 13-28; y la memoria académica, en mi opinión todavía fundamental a pesar de la polémica de Marc Baratin, de Karl Barwick, *Probleme der stoischen Sprachlehre und Rhetorik*, pp. 88-111. El mismo Quintiliano subrayó la importancia de Teofrasto al escribir: Quint. *inst.* 3, 1, 15 *Theophrastus quoque, Aristotelis discipulus, de rhetorice diligenter scripsit, atque hinc vel studiosius philosophi quam rhetores praecipueque Stoicorum vel Peripateticorum principes*. V. W. W. Fortenbaugh: *Theophrastus of Eresus II*, p. 514; J. Adamietz: *M.F. Quintiliani Inst. Orat. Liber III*, p. 76; J. Cousin: *Quintilien, Tome II*, p. 261. La interpretación de *hinc* es importante porque si se le da una significación local (también en un sentido metafórico), este adverbio quiere decir que Quintiliano ha reconocido que de Teofrasto han venido los estudios dedicados a la gramática por los filósofos estoicos y peripatéticos. Si, por el contrario, le damos una significación temporal, esta interpretación se pierde. Tras considerar los cuarenta y seis usos de *hinc* en la *Institutio Oratoria* con la ayuda del *Thesaurus* de la Packard Humanities, puedo

tanto, en la poesía no siempre es posible distinguir si una figura es un *vitium* aceptado o una virtud. Este aspecto de los errores excusables anula progresivamente según M. Baratin (p. 314) el interés por la corrección que estaba en el origen del solecismo: "El constante empuje de la explicación de textos ha saturado los cuadros de la gramática teórica en detrimento del análisis de la corrección", escribe M. Baratin en la p. 314, y "inmerso en esta evolución –continúa–, el solecismo pasa, en el dominio gramatical, del estatuto de error contra la corrección al de, atenuado, desvío negativo, e incluso se tiende a borrar progresivamente ese rasgo "negativo", en la medida en que puede ser "excusable". El punto esencial de la nueva elaboración de M. Baratin es el hecho de que la gramática latina se haya edificado o reorganizado sobre la diferencia con la gramática griega. Mientras que la gramática griega planteaba la cuestión del ἑλληνισμός al referirse a lo que era o no correcto, es decir, disponía de una referencia interna, el latín se refería al griego y la atención se concentraba en la diferencia en relación con el griego. De aquí la interpretación del término ἰδίωμα. Al tomar en consideración el Περὶ συντάξεως de Apolonio Díscolo, *Grammatici Graeci*, Volumen II 2, 404, 9-405, 6, M. Baratin (p. 344) descubrió que el autor emplea el mismo término, τὰ τῆς συντάξεως ἰδιώματα (405,5) que volvemos a encontrar en el *De consensu verborum cum casibus* de Diomedes (*Gramm*. I 310, 30-320,9) con un uso que se desvía del griego:

(13) a. Apoll. Dysc. *synt*. II 2, 405, 1-6 τοῖς μέτοι γε μετὰ πάσης ἀκριβείας ἐπεξιοῦσιν τὰ τῆς συντάξεως τοῦ λόγου προσγενήσεται ἐπιστῆσαι, τίνα τῶν ῥημάτων γενικὴν ἀπαιτεῖ καὶ τί τούτου τὸ αἴτιον, καὶ τίνα δοτικήν, συνόντος πάλιν τοῦ αἰτίου [...]. καὶ δῆλον ὅτι διὰ τὸ συνὸν πλῆθος τῶν ῥημάτων καὶ τῆς συντάξεως ἰδιώματα δυσπερίληπτα γενήσεται, ἅπερ οἶμαι κατὰ τὸ δέον προσδιευκρινήσειν. "a quienes persiguen saber con toda exactitud la teoría de la construcción oracional, a ésos les convendrá saber qué verbos rigen genitivo y cuál es la causa de ello; cuáles dativo [...]. Es obvio que, debido a la cantidad de verbos que existe, será difícil abarcar las peculiaridades de sus construcciones, sin embargo, pienso que han de

decir que, excepto dos pasajes (2, 11, 1 y 8, pr., 13) de los que se puede dudar, todos los demás tienen una significación de lugar real o metafórico, significación que yo daría a 3, 1, 15, al considerar también el *hinc* empleado algunas líneas más arriba 3, 1, 14 *Isocrates* [...] *Hinc velut diversae secari coeperunt viae* (sobre este ejemplo v. *Thes. L. L.* VI 2795, 12).

quedar suficientemente explicadas" (Trad. de V. B. Botas, *Apolonio Díscolo*, Gredos, Madrid, 1987, p. 347).

b. Diom. *Gramm.* I 311, 3-6 *nam cum ab omni sermone Graeco Latina loquella pendere videatur, quaedam inveniuntur vel licentia ab antiquis vel proprietate Latinae linguae dicta praeter consuetudinem Graecorum, quae idiomata appellantur.*

El objetivo asignado a esta parte de la gramática de Diomedes es el de presentar los *idiomata*, delimitando las construcciones casuales específicas del latín en relación con el griego "o que se diferencien del uso latino antiguo". En consecuencia, el interés de una construcción "es la diferencia que esta puede representar, y, como corolario, la interpretación de las construcciones se considera que se limita a la constatación de esas diferencias" (Baratin, *La naissance de la syntaxe à Rome*, p. 334). Según Marc Baratin, había entonces un análisis sintáctico interesante, que se basaba, por ejemplo a propósito del séptimo caso latino, "en las relaciones que las formas casuales mantienen con los términos que las rigen directamente". Pero después de esta fase originaria de la investigación sintáctica se ha introducido un criterio idiomático atento más bien a las relaciones con el griego. La conclusión de M. Baratin (p. 342) es que "la corriente artigráfica pudo disponer de un análisis de tipo sintáctico y lo desnaturalizó. [...] si el análisis sintáctico está ausente del dominio artigráfico latino, la razón se debe buscar en el interior mismo de este dominio: es el *Ars* misma la que ha rechazado tener en cuenta al análisis sintáctico". Y la causa principal de este abandono de la sintaxis y de la relación entre la combinatoria sintáctica y los significados es la importancia creciente dada a la comparación con el griego y la reducción del estudio sintáctico a los *idiomata*.

En este punto debemos plantearnos algunas preguntas: ¿qué papel ha desempeñado Quintiliano en este cuadro de conjunto? Y sobre todo ¿podemos aceptar por completo las ideas de M. Baratin? En mi opinión el cuadro de conjunto es muy atractivo, pues corresponde al proceso de reducción de las reglas a una serie de etiquetas que encuentra, en la retórica de los tropos y de las figuras, su expresión más clara y notable. Podemos decir, siguiendo a un gran lógico moderno como Jaakko Hintikka,[9] que la definición antigua

9. Pienso, por ejemplo, en el libro de Hintikka, *Logic, Language-Games and Information*, pp. 220-243 (de la edición italiana).

es diferente a la definición moderna por el hecho de que los antiguos y Aristóteles definían con etiquetas precisas, mientras que la lógica moderna a partir de Immanuel Kant nos da más bien una definición analítica de conceptos al excluir todo lo que no son. Pero esto es un cuadro general y una visión de conjunto según la cual encuentro muy interesante la explicación de M. Baratin. Sin embargo, no podemos olvidar que esto puede desembocar en una simplificación peligrosa. Por ejemplo, sostener como hace M. Baratin (p. 332) que en la discusión de Diomedes sobre el séptimo caso (*gramm.* I 317, 23-318, 22) hay una consideración de verdadero ablativo, es decir, de ablativo de origen, de locativo y de instrumental es justo, pero esto significa también leer a Diomedes como si conociese el *Grundriß* de Brugmann,[10] mientras que este ejemplo es más bien una prueba del uso del griego que siempre se compara para los usos del dativo y del genitivo griegos con el séptimo caso latino. Pero es justo pensar que la retórica contribuyó mucho a bloquear a la sintaxis lingüística en una visión tópica de las figuras que, por otra parte, ha llegado a ser bastante embarazosa también para la retórica. Los modernos se han burlado a menudo de los tropos y de las figuras de la retórica que equivocadamente se ha visto reducida a esta parte del gran sistema.[11] Pero esto depende también del hecho de que la retórica se convirtió cada vez más en un conjunto de reglas para la literatura antes que en un instrumento judicial como era en sus comienzos.

Pero, por otro lado, incluso en la doctrina de las figuras, la combinatoria no está tan excluida como lo piensa M. Baratin. Intentaré demostrarlo al considerar una figura importante como es la paronomasiva, paronomasia, también llamada *adnominatio* ya en el primer texto en que la encontramos presente, es decir, en la *Rhetorica ad Herennium*. Esta figura es especialmente

---

10. V. K. Brugmann, *Vergleichende Laut-, Stammbildungs- und Flexionslehre* II, 22, 494-547.

11. En opinión de G. Kennedy, *The Art of Persuasion*, pp. 277; 321-322; Id., *The Art of Rhetoric in the Roman World*, p. 376; M.L. Clarke, *Rhetoric at Rome*, pp. 23; 34; J.O. Ward, *From the Antiquity to the Renaissance*, p. 31. Una postura contraria sostiene B. Vickers, *In Defence of Rhetoric*, pp. 381-433, pero ya los antiguos se burlaban de las figuras, v., por ejemplo, Sen. *Contr.* 7 pr. 7 *Albucius clamabat: "Ista ratione schemata de rerum natura tolluntur." Arruntius aiebat: "Tollantur, poterimus sine illis vivere."* Esta cuestión se encuentra en parte en la polémica entre Aticismo y Asianismo, un aspecto que ha descuidado Brian Vickers, y que es grave para alguien que quiere 'defender' la retórica (v. para este aspecto mi *Nota di Aggiornamento*, pp. 1050-1073; 1122-1139; J. Wisse, *Greeks, Romans, and the Rise of Atticism*, pp. 65-76).

interesante porque en ella encontramos aplicados los cuatro criterios de cambio de la lengua en el pasaje de los πρῶται φωναί y, en sentido contrario, para remontarse a los *etyma* de las palabras en el proceso de la etimología. Estas categorías son precisamente enumeradas por Varrón en el libro quinto de su *De lingua latina*, dedicado a la etimología:

(14) Varro, *ling.* 5, 6 *Quorum verborum novorum ac veterum discordia omnis in consuetudine comuni, quot modis commutatio sit facta qui animadverterit, facilius scrutari origines patietur verborum: reperiet enim esse commutata, ut in superioribus libris ostendi, maxime propter bis quaternas causas. Litterarum enim fit demptione aut additione.*

Karl Barwick (*Probleme der stoischen Sprachlehre und Rhetorik*, pp. 31; 98 ss.) demostró que se trataba de categorías desarrolladas por los estoicos y que fueron utilizadas en la declinación y la etimología de la lengua, así pues en un dominio estrictamente gramatical, como es la ornamentación de la frase, es decir, en la doctrina de las figuras. En efecto, en la primera presentación de esta figura gorgiana (es uno de los Γοργίεια σχήματα, sobre los cuales v. W. Barczat, *De figurarum disciplina*, pp. 7-12; y mi Comentario a la *Rhetorica ad Herennium*, pp. 336 s.), una presentación que encontramos en la *Rhetorica ad Herennium*, IV 21, 29, se utilizan estas cuatro categorías de la *adiectio, detractio, immutatio et transmutatio*:

(15) *Rhet. Her.* 4, 21, 29 *Adnominatio est, cum ad idem verbum et nomen acceditur commutatione vocum aut litterarum, ut ad res dissimiles similia verba adcommodentur. e multis et variis rationibus conficitur.* [...] *Addendis litteris hoc pacto: "Hic sibi posset temperare, nisi amorei mallet obtemperare". Demendis nunc litteris sic: "Si lenones vitasset tamquam leones, vitae tradidisset se". Transferendis litteris sic: "Videte, iudices, utrum hominei navo an vano credere malitis". Commutandis hoc modo: "Deligere oportet, quem velis diligere".* "Hay paronomasia cuando al lado de una palabra o un nombre colocamos otros similares, ya sea cambiando el sonido ya sea las letras, de manera que palabras parecidas signifiquen cosas distintas. Esta figura se consigue a través de métodos simples y variados. [...] Adición de letras. Ejemplo: "Podría dominarse si no prefiriera dejarse domeñar por el amor". Supresión de letras. Ejemplo: "Si hubiera huido de los rufianes como se huye de los leones, todavía estaría vivo". Transposición de letras. Ejemplo: "Ved, jueces, si preferís confiar en

un hombre servicial o en un hombre frívolo". Cambio de letras. Ejemplo: "Es preciso elegir lo que se quiera amar"" (V. la trad. de G. Achard; para un comentario de este pasaje v. mi Comentario, pp. 340-343; y F. L. Müller, *Rhetorica ad Herennium*, p. 226).

Es interesante constatar que Quintiliano nos da una valoración de todo punto negativa de esta figura que a su parecer se ha convertido en un procedimiento frío, aunque muestre de una manera completa la parte que concierne a los tres principios según los cuales construimos las paronomasias, *similitudo*, *vicinitas* y *contrarium*, mientras que la *Rhetorica ad Herennium* explícitamente sólo cita el *contrarium* (los otros dos principios empleados por la *Rhetorica ad Herennium* conciernen a la métrica y se pueden reducir al principio helenístico de la ἡδονή). Este principio se encuentra indicado explícitamente por Febamón y atribuido a los rétores rodios: Phoebamm. III 44, 11 Spengel Ἀθηναῖος δὲ ὁ Ναυκρατίτης καὶ ὁ Ἀπολλώνιος ὁ ἐπικληθεὶς Μόλων ὡρίσαντο οὕτω· σχῆμα ἐστι μεταβολὴ εἰς ἡδονὴν ἐξάγουσα τὴν ἀκοήν. La posición de la *Rhetorica ad Herennium* en relación con la doctrina de las figuras está más próxima al empleo helenístico y rodio que al de los estoicos. Seguramente desde la *Rhetorica ad Herennium* hasta Quintiliano la doctrina estoica de la paronomasia no haya ganado terreno. Estaba interesada, más bien, en la paronomasia como herramienta de la combinatoria. Incluso en Gorgias el criterio del contrario que encontramos empleado en la paronomasia era muy frecuente y a la figura de la ἀντίθεσις se la considera justamente como una de las más importantes para Gorgias.[12] Esta figura representó un papel nada despreciable para la estructura sintáctica de la frase y después veremos que M. Baratin ha subrayado este aspecto con consideraciones muy interesantes. En Quintiliano encontramos una situación que merece la pena considerar:

(16) Quint. *inst.* 9, 3, 66-73 *Tertium est genus figurarum, quod aut similitudine aliqua vocum aut paribus aut contrariis convertit in se aures et animos excitat.Hinc est* paronomasiva, *quae dicitur adnominatio. ea non uno modo fieri solet: ex vicinia quadam praedicti nominis ducta, casibus decli-*

12. V. para este aspecto mi artículo, G. Calboli, "Paronomasia ed etimologia", p. 64ss.

> *natis, ut Domitius Afer pro Cloatilla: "Mulier omnium rerum imperita, in omnibus rebus infelix", et cum verbo idem verbum plus significans subiungitur: "Quando homo hostis, homo"* [...] *Non ex eodem, sed ex vicino diversum accipitur cum supplicio adficiendum dicas quem supplicatione dignum iudicaris. Aliter quoque voces aut eaedem diversa in significatione ponuntur aut productione tantum vel correptione mutatae: quod etiam in iocis frigidum equidem tradi inter praecepta miror, eorumque exempla vitandi potius quam imitandi gratia pono:* [...] *"Avium dulcedo <ad> avium ducit"* [...] *Sed elegantius quod est positum in distinguenda rei proprietate: "Hanc rei publicae pestem paulisper reprimi, non in perpetuum comprimi potest"; et quae praepositionibus in contrarium mutantur: "Non emissus ex urbe, sed inmissus in urbem esse videatur".* [...] *Pessimum vero: "Ne patres conscripti videantur circumscripti". "Raro evenit, sed vehementer venit". Sed contingit ut aliqui sensus vehemens et acer venustatem quandam ex verbo non dissono accipiat. Et cur me prohibeat pudor uti domestico exemplo?* ***Pater meus contra eum qui se legationi inmoriturum dixerat, deinde vix paucis diebus insumptis re infecta redierat: "Non exigo uti inmoriaris legationi: inmorare." Nam et valet sensus ipse et in verbis tantum distantibus iucunde consonat vox, praesertim non captata, sed, velut oblata, cum altero suo sit usus, alterum ab adversario acceperit.*** [13]

Este es el único pasaje en que Quintiliano habla de su padre y en esta parte su juicio negativo se hace más moderado y en ciertos aspectos positivo, pero es evidente que el aspecto ornamental de la paronomasia ha invadido hasta tal punto el terreno del uso de esta figura que la combinatoria se ha convertido en un elemento del que burlarse. Y esto –pienso– es una consecuencia de su uso frecuente en las declamaciones escolares (v. S. F. Bonner, *Roman Declamation*, pp. 69; 154; 160; 166). La frecuencia de la paronomasia en la prosa de Séneca (Bonner, *Roman Declamation*, pp. 69; 154; 160; 166) seguramente no era para Quintiliano una razón para amar esta figura, si consideramos el juicio negativo que da sobre el estilo de Séneca y de sus imitadores (Quint. *inst.* 10, 1, 125-131). En consecuencia, podemos trazar brevemente el desarrollo de esta figura desde Gorgias hasta Quintiliano. En Gorgias la paronomasia le sirvió al sofista para salir de la

13. Lo he puesto en negrita para destacarlo.

repetición pura y simple del estilo jonio[14] y, al mismo tiempo, para construir una estructura de frase y de argumentación de manera opuesta a la que seguramente representó un papel importante para la organización del silogismo aristotélico. Después, la paronomasia se fijó y se enriqueció con los criterios estoicos cuidadosos con la lingüística o, para ser más precisos, propios de la lingüística y de la gramática de la *similitudo*, *vicinitas* y *contrarium* con los medios de la *adiectio*, *detractio*, *immutatio* y *transmutatio*. Pero el empleo mecánico y declamatorio le hizo perder categoría, la volvió fría y, en ciertos casos, ridícula. En suma, tenemos en pequeño la historia de toda la doctrina de las figuras.

En este punto merece la pena recordar que Marc Baratin (*La naissance de la syntaxe à Rome*, pp. 82 ss.) tomó en consideración estos cuatro criterios para ver si las proposiciones también podían ordenarse según estos criterios o por alguno de ellos. "Encontramos –escribe (pp. 82 ss.)– en los dominios más variados de la lingüística antigua un modelo de análisis que supuestamente permite describir y clasificar los fenómenos considerados, por muy diferentes que sean, a partir de criterios siempre idénticos. Los criterios de este modelo de análisis son cuatro: *adiectio* (adición), *detractio* (sustracción), *immutatio* (sustitución), *trasmutatio* (permutación). La forma más "clásica" de este modelo es la que utiliza Quintiliano (I, 5, 6) para la clasificación de los barbarismos y de los solecismos". Wolfram Ax dedicó un artículo interesante a este "Kategoriensystem" y trató de manera profunda el problema al demostrar que el sistema ya estaba bien desarrollado en el siglo I después de Cristo, que tal vez introdujo Tiranión en la gramática, mientras que en la retórica fue introducido por Cecilio de Caleacte como lo demostró Karl Barwick (*Probleme der stoischen Sprachlehre und Rhetorik*, pp. 103-107). Pero, dejando estas explicaciones aparte, el sistema se puede remontar, según W. Ax (*Quadripertita Ratio*, pp. 207-211), más allá de los estoicos y llegar hasta los peripatéticos. M. Baratin (*La naissance de la syntaxe à Rome*, pp. 84-88) demostró que este sistema se podía emplear también para la clasificación de proposiciones coordinadas y subordinadas. Así las proposiciones copulativas y disyuntivas "respondían a una oposición de tipo adición/sustracción". Por

14. V. para este aspecto D. Fehling, *Wiederholungsfiguren*, pp. 102-108.

su parte, las proposiciones *causales* y *rationales* respondían al criterio de la *transmutatio* (la permutación) como se pueden tratar, si se emplea este criterio, las frases "cuyo sentido se modifica cuando se permutan sus elementos", por ejemplo, cuando se transforma la frase hipotética *A si B* en causal al permutar solamente el orden de las palabras: *puesto que B entonces A*. En este caso hay un cambio que me parece que es un cambio de aspecto, en el primer caso necesita un aspecto durativo, en el segundo un aspecto perfectivo. En todo caso, se trata siempre de permutación. También el criterio de la sustitución, *immutatio*, se aplica en el caso de las frases expletivas introducidas por *equidem, enimvero*.

Pero es importante, para tener otro elemento de juicio, considerar que Quintiliano empleó estos criterios también para clasificar las figuras. En efecto, leemos:

(17) Quint. *inst.* 9, 3, 27 *Haec schemata, aut his similia quae erunt per mutationem, adiectionem, detractionem, ordinem, et convertunt in se auditorem nec languere patiuntur subinde aliqua notabili figura excitatum, et habent quandam ex illa viti similitudine gratiam, ut in cibis interim acor ipse iucundus est.*

PARTE III:
ALGUNAS CONSIDERACIONES A MODO DE CONCLUSIÓN

La seductora obra de M. Baratin tiene el gran mérito de plantear una cuestión que la filología clásica hasta nuestros días más bien ha descuidado o ha olvidado por completo: ¿cuál ha sido la relación entre la sintaxis de Apolonio Díscolo y la dialéctica (o la lógica)? Pero en este punto no podemos arreglárnoslas sin la retórica. Y justamente M. Baratin no la ha desatendido. Por mi parte quisiera añadir que incluso la historia de estas ciencias –sí, la retórica también pertenece a las ciencias, *pace dicam Platonis*– [15] y su desarrollo son importantes para comprender lo que ha sucedido en el paso de la antigüedad republicana al Imperio y, se podría añadir en lo que concierne a la mayoría de los gramáticos romanos, al Bajo Imperio. También quiero decir que, como ya vimos, las ideas de M. Baratin son en general acertadas y las comparto. Únicamente quisiera matizarlas levemente con dos apreciaciones: una es la que acabamos de considerar, es decir, la fuerza combinatoria expresada por los cuatro criterios de la *adiectio, detractio, immutatio* y *transmutatio*. Ésta es ya un principio de sintaxis. En la teoría chomskiana, antes de los "principles-and-parameters approach" [16] según los cuales las transformaciones se han reducido todas a la transformación "move-α", había transformaciones de "sustitution, deletion, adjunction" y "permutation" (v. por ejemplo, Chomsky, *Aspects*, p. 144, y Id. *Knowledge of Language*, pp. 68-80). Se trata precisamente de nuestros cuatro criterios. En consecuencia, estos criterios no se han borrado por completo, sino que reaparecen, como en Quintiliano, por otros motivos.

---

15. V. para este aspecto B. Vickers, *In Defence of Rhetoric*, pp. 131-207 (de la edición italiana).
16. V. sobre esta denominación N. Chomsky, *Somes Notes on Economy*, p. 417; 448 ss.

La otra apreciación que no debemos olvidar es la naturaleza tópica de la retórica, una naturaleza que la retórica comparte con el derecho. Dicho aspecto fue convenientemente iluminado por Theodore Viehweg. [17] Pienso que no se debió al azar el hecho de que en el Imperio dos ciencias llenas de tópicos como la retórica y el derecho hubieran alcanzado su máximo esplendor. Por otro lado, es Viehweg quien justamente nos recuerda que en el Bajo Imperio y al final de la antigüedad encontramos las *artes liberales* (1) de la gramática, (2) de la retórica, (3) de la dialéctica, es decir, de la lógica, (4) de la aritmética, (5) de la geometría, (6) de la música y (7) de la astronomía. Cada arte tiene su propio conjunto de tópicos y mezclarlos a la vez puede significar que ocupen espacios ajenos y propios de cada arte. Y es cierto que la gramática y la retórica tienen en común la doctrina de los tropos y de las figuras, pero la combinatoria es más bien propia de la gramática, los tópicos de la retórica. Por otra parte, no debemos creer que la propiedad combinatoria esté restringida a la gramática. Hoy únicamente después de Chomsky 1991, Freidin-Sprouse 1991, E. Löbel 1994, se puede distinguir en el estudio de la sintaxis de los casos la INFLECTION (o simplemente IP o I) de dos componentes, es decir, un TENSE, que es semántico, y otro, AGREEMENT, que es más bien sintáctico. Por lo que respecta a los casos, es evidente que se elige un caso en lugar de otro por razones sintácticas ("case licensing") o de vocabulario ("case assignment"), es decir, porque un verbo rige un caso determinado. Y la facultad de elegir está sometida más al léxico que a la sintaxis. Por ejemplo, en el paso de la activa a la pasiva, el sujeto pasa a ser agente y el objeto en acusativo pasa a ser sujeto en nominativo (simplifico el procedimiento que traté, por lo demás, en mi artículo sobre la pasiva, *Über das Lateinische Passiv,* pp. 135-179

(18) *Cicero Caesarem laudavit => Caesar a Cicerone laudatus est.*

Pero, si para el "case-assignment", es decir, para el léxico, el caso del objeto no es el acusativo sino el dativo, se conserva:

(19) *Cicero Caesari persuasit => Caesari a Cicerone persuasum est.*

17. V. Th. Viehweg, *Topica e giurisprudenza*, pp. 15-27.

En este caso el vocabulario, podemos decir la tópica del uso, el "case assignment", aventaja a la sintaxis, al "case licensing". Pero a veces, y sobre todo en el participio pasado encontramos así *persuasus*, por ejemplo en la *Rhetorica ad Herennium*:

(20) *Rhet. Her.* 1,6,9-10 *cum animus auditoris persuasus esse videtur ab iis, qui ante contra dixerunt* [...]. *Si persuasus auditor fuerit...*

Aquí el elemento sintáctico ha aventajado al vocabulario. Evidentemente esta victoria de la sintaxis sobre el léxico depende de la voluntad del autor, de su interés por la innovación analógica, pero la lengua, al dar una regla sintáctica general según la cual el objeto de la frase activa pasa a ser el sujeto formal de la pasiva, ha favorecido el cambio de construcción. En este caso la fuerza combinatoria de las palabras ha prevalecido sobre la tópica. Sin embargo, la conciencia gramatical de este balanceo de fuerzas y su explicación solamente son posibles si se emplean estos modernos criterios.

Pero entonces –podemos pensar– si la retórica es sobre todo tópica, estamos de nuevo ante el problema de Platón. La retórica es un conjunto de reglas que, cuando no son engañosas, son necesarias, pero no suficientes. La solución de Platón al final del *Fedro* (276e-278b) es que la retórica, la buena retórica, debe ser como la dialéctica y debe ser oral, es decir, que debe ser el producto del hombre.[18] La solución de Cicerón iba también en esta dirección, pues en un primer momento abandonó la retórica de las reglas, este conjunto tópico, del que había comenzado la presentación en su *De inventione*, para escribir en el 55 a. C. su gran diálogo platónico, el *De oratore*, pero después volvió a las reglas en las *Partitiones Oratoriae*, los *Topica ad*

18. B. Vickers, *In Defence of Rhetoric*, pp. 131-207, al atacar a Platón y sostener que ha devaluado la retórica como instrumento de la democracia ateniense a la que Platón en su totalitarismo se oponía, muestra que no ha comprendido en absoluto el problema de Platón, que es el mismo problema que tenía Cicerón: la retórica en su naturaleza tópica es peligrosa, si es un fin en sí misma, para la comprensión de la relación combinatoria de las cosas y, en consecuencia, si no se toma como un momento dialéctico que debe integrarse con la filosofía, puede disminuir la verdad filosófica, esa verdad que era el objeto de Platón. La oposición de Kant en contra de la retórica (v. B. Vickers, *In Defence of Rhetoric*, pp. 265-268) es la prueba de que también él se dio cuenta del problema. Podemos responder a B. Vickers empleando las palabras que Cicerón (que conocía la retórica mucho mejor que B. Vickers) empleó en otra situación: *Errare me hercule malo cum Platone* [...] *quam cum istis vera sentire. Macte virtute! Ego enim ipse cum eodem ipso non invitus erraverim* (Cic. *Tusc.* 1, 39-40, sobre este pasaje v. el *Comentario* de M. Pohlenz, p. 68).

C. Trebatium y el *Orator*. Por lo tanto, la solución consistía en emplear las reglas pragmáticas de la retórica y la filosofía con su búsqueda de las verdades más complejas de la vida del hombre. También en la *Rhetorica ad Herennium*, al final de la obra, después de un tratado plagado de reglas, se lee que el conjunto de reglas debe ser adquirido mediante el ejercicio:

(21) *Rhet. Her.* 4, 56, 69 *Ergo amplius in arte rhetorica nihil est. Haec omnia adipiscemur, si rationes praeceptionis diligentia consequemur exercitationis.* "Nada más hay en el arte retórica. Acabaremos adquiriendo todas estas cualidades, si las dominamos gracias a un entrenamiento diligente las reglas enseñadas". (V. la trad. de G. Achard).

Y el autor de la *Rhetorica ad Herennium* ama primero la filosofía y quiere dedicarse a la filosofía después de haber escrito su tratado de retórica:

(22) *Rhet. Her.* 1, 1, 1 *id ipsum quod datur otii libentius in philosophia consumere consuevimus.* 4, 56, 69 *Nam et simul libenter exerceamur proper amicitiam, cuius initium cognatio facit, cetera philosophiae ratio confirmabit* (v. mi *Comentario*, pp. 32-34; 208).

Por lo tanto, la solución más radical en su pragmatismo era la de la escuela. Si consideramos que las reglas en su tópica son necesarias pero no suficientes, la solución consistía en hacer que naciera un hombre nuevo que, embebido de las reglas de su juventud y permaneciendo como un hombre con sus capacidades, tuviera al mismo tiempo la tópica de las reglas y la facultad combinatoria del que domina las reglas, es decir, del hombre. Evidentemente se trataba de un solución que venía de la tradición griega y romana, pero Quintiliano tuvo el mérito de retomar este corpus de reglas que tras el *De inventione* de Cicerón y la *Rhetorica ad Herennium* había sido abandonado por el mismo Cicerón. Pero la lección de Cicerón, que se había percatado perfectamente del límite de las reglas y del *ars rhetorica*, no la olvidó Quintiliano, quien, continuando a Cicerón y a Dionisio de Halicarnaso, propuso (*Inst.* 10, 1) los escritores (oradores, historiadores, poetas y filósofos) que el orador debía conocer para completar las reglas y concluyó su obra con la presentación del modelo de Catón, *vir bonus dicendi peritus* (*Inst.* 12, 1, 1). La relación entre gramáticos y rétores no se corresponde por completo a la oposición entre fuerza combinatoria y tópica, puesto que, como hemos visto, incluso en la retórica, que se correspondería más bien a la tópica, existe la fuerza de la combinación. Pero tampoco podemos apartarnos demasiado de la idea de Marc Baratin de que la gramática, en lo que concierne a la sintaxis y a la doctrina de las figuras, corresponde a la combinación y la retórica a la tópica. Por otro lado, el mismo Quintiliano, al tratar la cuestión de la lengua, la comparaba con la cuestión moral.

Pues su tarea era justamente la de retomar el espacio usurpado por los gramáticos, en su objetivo de dar la mejor formación a sus estudiantes al defender el buen latín de los clásicos:

(23) Quint. *inst.* 1, 6, 45 *Ergo consuetudinem sermonis vocabo consensum eruditorum, sicut vivendi consensum bonorum.*

Pero esta fórmula también es, desde un cierto punto de vista, una fórmula tópica, aceptable solo si se la podía tomar como una indicación abierta a las reglas precisas de la gramática y a la pragmática del uso humano. En efecto, es la fórmula del clasicismo que, al defender la lengua asociándola al concepto de virtud, salvó el ἑλληνισμός, la *Latinitas* y la individualidad de cada lengua. Y cada pueblo tuvo su gramática. En España la primera gramática castellana fue la de Antonio de Nebrija, publicada en un año excepcional. Pues se publicó en 1492, año en que España reconquistó por completo su espacio nacional y nos ofreció el descubrimiento de América. Por un lado la conquista de la individualidad, por otro lado la mayor apertura a la combinación de diferentes fuerzas. La tópica, cada tópica, tanto de los pueblos como de las diferentes ciencias, de la retórica frente a la filosofía y la gramática –podemos concluir– también es necesaria para desarrollar la fuerza de la combinación.

II El juicio de Quintiliano sobre Séneca

Gualtiero Calboli

El juicio de Quintiliano sobre Séneca, sobre el cual pretendo hablar ahora, se encuentra al final del capítulo I del libro X de la *Institutio oratoria* (10, 1, 125-131), aunque, según sugiere adecuadamente Marc Laureys ("Quintilian's judgement of Seneca", p. 123), debe ser tenido en cuenta junto a otro juicio emitido por el rétor sobre el estilo del filósofo en *inst.* 12, 10, 11 –donde Quintiliano señala como característica de Séneca en cuanto orador la *copia*– y, para tener un cuadro completo, junto a *inst.* 8,5,18 y 9,2,8. En efecto, es cierto que en 12, 10, 11 Quintiliano habla sobre la *copia* (*dicendi*) de Séneca con una valoración absolutamente positiva, pero también es cierto que en 8, 5, 18, con el fin de proporcionar un ejemplo de *sententia* obtenida por medio de la *sola geminatio*, recuerda un pasaje de la carta escrita por Séneca para Nerón y enviada por Nerón al Senado con el fin de justificar su matricidio. Ciertamente, recordar esto sin una necesidad específica no es una prueba de su actitud favorable[19]. Pero también quiero decir, ya desde el principio, que creo que se debe compartir el juicio de Quintiliano, el que aparece en *inst.* 10, 1, 125-131, tanto más cuanto que no se trata de un juicio aislado y que este juicio no sirve para condenar o absolver el estilo de Séneca, sino simplemente para comprenderlo. Por tanto, dejaré aparte el problema sobre si Quintiliano tenía una actitud más o menos hostil hacia Séneca. También esto ha sido analizado en los numerosos estudios dedicados a dicho problema, del cual nos informa Laureys ("Quintilian's judgement of Seneca", pp. 100-103). Veamos, por tanto, el extenso juicio de Quintiliano, situado al final de la sección "literaria" del libro X de la *Institutio oratoria*, pasaje en el cual aparece también una cuestión de crítica textual, bien resuelta, a mi parecer, por Guglielmo Ballaira:

---

19. Esto ha sido justamente observado también por Thomas Gelzer, "Quintilians Urteil über Seneca", p. 223, nota 13: "Offensichtlich malitiös ist die Auswahl des Beispiels bei den *magis nova sententiarum genera* [...] für *sola geminatio* [...], wo es ihm offensichtlich darum geht, das *odium* der Sache [...] gegen Seneca wieder aufzurühren, während natürlich auch andere Beispiele zu finden gewesen wären und auch Senecas Name bei Neros Brief nicht hätte genannt werden müssen".

(1) a. Quint. *inst.* 10, 1, 125-131 *Ex industria Senecam in omni genere eloquentiae distuli, propter vulgatam falso de me opinionem qua damnare eum et invisum quoque habere sum creditus. Quod accidit mihi dum corruptum et omnibus vitiis fractum dicendi genus revocare ad severiora iudicia contendo: tum autem solus hic fere in manibus adulescentium fuit. Quem non equidem omnino conabar excutere, sed potioribus praeferri non sinebam, quos ille non destiterat incessere, cum diversi sibi conscius generis placere se in dicendo posse quibus illi placerent diffideret. Amabant autem eum magis quam imitabantur, tantumque ab illo defluebant quantum ille ab antiquis descenderat. Foret enim optandum pares ac saltem proximos illi viro fieri. Sed placebat propter sola vitia, et ad ea se quisque dirigebat effingenda quae poterat: deinde cum se iactaret eodem modo dicere, Senecam infamabat. Cuius et multae alioqui et magnae virtutes fuerunt, ingenium facile et copiosum, plurimum studii, multa rerum cognitio, in qua tamen aliquando ab iis quibus inquirenda quaedam mandabat deceptus est. Tractavit etiam omnem fere studiorum materiam: nam et orationes eius et poemata et epistulae et dialogi feruntur. In philosophia parum diligens, egregius tamen vitiorum insectator fuit. Multae in eo claraeque sententiae, multa etiam morum gratia legenda, sed in eloquendo corrupta pleraque, atque eo perniciosissima quod abundabat dulcibus vitiis. Velles eum suo ingenio dixisse, alieno iudicio: nam si m<ol>li<a> qu<aed>am contempsisset, si p<rava> non concupisset, si non omnia sua amasset, si rerum pondera minutissimis sententiis non fregisset, consensu potius eruditorum quam puerorum amore comprobaretur. Verum sic quoque iam robustis et severiore genere satis firmatis legendus, vel ideo quod exercere potest utrimque iudicium. Multa enim, ut dixi, probanda in eo, multa etiam admiranda sunt, eligere modo curae sit; quod utinam ipse fecisset: digna enim fuit illa natura quae meliora vellet; quod voluit effecit.*

b. *inst.* 8, 5, 18 *Facit quasdam sentencias sola geminatio, qualis est Senecae in eo scripto quod Nero ad senatum misit occisa matre, cum se periclitatum videri vellet: 'salvum me esse adhuc nec credo nec gaudeo'.*

(3) *inst.* 9, 2, 8 *Interrogamus etiam quod negari non possit* [...] *aut invidiae gratia, ut Medea apud Senecam: 'quas peti terras iubes?'*

En lo que respecta al texto, la lectura propuesta por Ballaira (si mollia quaedam) es la que yo he aceptado, naturalmente con todas las cautelas con las cuales se debe aceptar siempre una conjetura. Pero el hecho es que la lectura *si aliqua* del Bambergensis M.4.14 sólo es una corrección del siglo X, mientras que la primera redacción del propio *Bambergensis*, la del *Bernensis* 351 (siglo IX) y la de los *Parisini Latini* 7696 y 7231 dan *simile quam*, lectura de la cual, evidentemente, se debe partir. La lectura *prava* es una conjetura de Sarpe y de Frotscher, también tenida en cuenta por Winterbottom en el aparato crítico. Sobre todo el asunto remito al artículo de Ballaira, quien considera precisamente que su integración se adapta bien a la condena quintilianea del "moderno asianismo" de Séneca (Ballaira, p. 176). Añado que *mollia* tiene, según mi parecer, una gran probabilidad en cuanto a otro motivo, curiosamente, no tenido en cuenta por Ballaira. Estas palabras aparecen en la segunda parte del juicio de Quintiliano que, como ha mostrado Th. Gelzer ("Quintilians Urteil über Seneca", pp. 217-223), es claramente negativo y en la última parte llega incluso a la parodia con la imitación del propio Séneca (Gelzer, p. 220). Más abajo, en **(2a y b),** veremos un ejemplo de ello. Ya Séneca había ofrecido dos juicios sobre el estilo de Cicerón (*epist.*100, 7 y 114, 16), definiendo la *compositio* de Cicerón como *mollis* (*epist.*100, 7, **(4a)**) y *molliter detinens* (*epist.*114, 16, **(14)**). Quintiliano no ha dejado pasar la ocasión de hacer recaer sobre el propio Séneca aquel término *mollis*, usado contra su amado Cicerón. Por tanto, yo tendría una relativa seguridad sobre le lectura *mollia*, mientras que tengo más dudas en lo que respecta a *prava*. Pero también en este caso nos ayudan las opiniones y observaciones de Gelzer, de Brugnoli y de Heldmann[20] sobre la *depravatio morum* (en relación con el estilo, aunque también reflejada en la vida moral, como veremos), de la que Quintiliano responsabiliza al estilo de Séneca en lo referente a los jóvenes que le han seguido e imitado. Pero ciertamente no tenemos una referencia terminológica precisa, como en el caso de *mollia*.

Este juicio de Quintiliano en el libro X de la *Institutio Oratoria* parece que ha estado precedido por lo que Quintiliano había escrito sobre Séneca en el *De causis corruptae eloquentiae*. Este aspecto ha sido tratado por Giorgio Brugnoli, al cual dedica todo su artículo, y por Konrad Heldmann ("Dekadenz", pp. 8-21), que ha constatado, sin embargo, que las alusiones

20. Cf. Th. Gelzer, "Quintilians Urteil über Seneca", p. 128: "Seneca war also eigentlich willentlich und wissentlich ein Verderber der urteillosen Jugend"; G. Brugnoli, "Quintiliano, Seneca e il *De causis corruptae eloquentiae*", p. 37; K. Heldmann, "Dekadenz", pp. 13 ss. No obstante, Heldmann cree (pp. 11-12) en un "optimismo programático de Quintiliano".

al *De causis corruptae eloquentiae* son tan escasas que es imposible intentar una reconstrucción de esta obra. Las ideas expresadas en el *De causis corruptae eloquentiae* deberían ser análogas a las expuestas por Mesala en el *Dialogus de oratoribus* de Tácito, con la diferencia, no obstante, de que, mientras que la postura de Mesala frente a la decadencia de la cultura es pesimista, "Quintiliano cree en el poder y en la posibilidades de la formación (de los jóvenes) a través de un posterior desarrollo reconstructivo de los antiguos ideales, y cree en su última finalidad, el "*perfectus orator*""[21]. He citado las propias palabras de Heldmann. Pero veamos la relación entre este juicio de Quintiliano y el comportamiento de Séneca.

Como señala Quintiliano, Séneca había criticado incesantemente a los *potiores* (10,1,126), aunque no sólo a ellos. En efecto, resulta interesante que el juicio de Quintiliano presente una cierta semejanza con el que el propio Séneca había escrito sobre el estilo y el modo de vida de Mecenas –es el mismo Séneca el que instituye esta confrontación entre el estilo y el modo de vida, observando: *epist.* 114 *apud Graecos in proverbium cessit: talis hominibus fuit oratio qualis vita*. Éste es un punto importante, sobre el que volveremos más tarde. Así pues, los dos juicios, el de Séneca sobre Mecenas y el de Quintiliano sobre Séneca, presentan una cierta analogía, incluso expresiva. Por ejemplo, la asociación asindética de más de una oración condicional en tricolon con dos *kola* introducidos por *si non* no es ciertamente muy frecuente, pese a lo cual, se repite en ambos juicios:

(2) a. Sen. *epist.* 114,4 *Magni vir ingenii fuerat, si illud egisset via rectiore, si non vitasset intellegi, si non etiam in oratione diffflueret.*

b. Quint. *inst.* 10,1,130 *nam si m<ol>li<a> qu<aed>am contempsisset, si p<rava> non concupisset, si non omnia sua amasset, si rerum pondera minutissimis sententiis non fregisset, consensu potius eruditorum quam puerorum amore comprobaretur.*

Ya Donato Gagliardi ("Quintiliano e Seneca", p. 79) ha llamado la atención sobre estos dos pasajes y sobre su semejanza, también leyendo *si ali-*

21. "Quintilian dagegen glaubt an Macht und Möglichkeiten der Bildung durch schöpferische Weiterentwicklung der alten Ideale und an deren endliches Ziel, den "*perfectus orator*"", Heldmann, "Dekadenz", p. 20.

qua y *parum*: creo que aquí en Quintiliano se manifiesta, además de las semejanzas estilísticas justamente puestas en evidencia por Gagliardi, la intención de utilizar la misma construcción de Séneca, también, aunque no exclusivamente, con el fin de relanzar una acusación contra el *mollis* y el *molliter* usados por Séneca (y el *molliter* en la misma *epist.* 114) al referirse a Cicerón. El hecho de que el tricolon hipotético se encuentre ya en Séneca confirma la intencionalidad de Quintiliano de usar la misma construcción, así como de usar el término *mollia*.

Resulta interesante el hecho de que también en otra ocasión Séneca ha manifestado una opinión estilística no muy distante de la de Quintiliano y de todos modos útil para comprender el ideal estilístico de Séneca, en la carta 100 a Lucilio sobre Papirio Fabiano. Sobre esto ya ha llamado la atención notoriamente Anton Daniel Leeman (*Orationis Ratio*, pp. 360-371) con un agudo análisis, en el cual se tiene en cuenta no sólo la concepción estilística de Lucilio, sino también la del propio padre de Séneca, el cual había escrito, él también, sobre el estilo de Fabiano (contr.2 pr.2), remarcando los principales defectos: *Deerat illi oratorium robur et pugnatorius mucro*. El hijo, Séneca el Filósofo, es mucho más indulgente hacia el estilo de Fabiano como filósofo de cuanto lo había sido el padre de cara al Fabiano orador y defiende a Fabiano, que había sido su maestro, de la crítica de Lucilio. A su vez, Lucilio puede ser colocado, como supone Leeman (*Orationis Ratio*, p. 363) entre aquellos imitadores de Séneca contra los que se manifiesta Quintiliano. De todos modos, es interesante que Séneca comience su carta en defensa de Fabiano con un período caracterizado por un fuerte uso de las cláusulas:

(3) Sen. *epist.* 100,1 *Fabiani Papiri libros, qui inscribuntur civilium, legisse te cupidissime scribis, et non respondisse exspectationi tuae; deinde oblitus de philosopho agi conpositionem eius accusas.*

Friedrich Blass (*Die Rhythmen*, p. 135) ha puesto muy bien en evidencia en este pasaje el uso de la cláusula del doble crético y del crético+espondeo o troqueo, y esto cuando el estilo de Fabiano es presentado como privado de estos ornamentos, como convenía a un filósofo. Pero Séneca, precisamente porque defiende a Fabiano, diciendo que aquél, en su forma de hablar, no se preocupaba de usar la elegancia que también conocía

(*Fabianus non erat neglegens in oratione, sed securus*, 100, 5), debe demostrar enseguida ser capaz de construir el discurso de forma esmerada y bien cuidada y lo hace. Como puede verse, es un estilo, el de Séneca, que sabe responder también a los sobreentendidos de un discurso, es el estilo de un hombre de gran agudeza y de amplia experiencia. Y el hijo de Séneca el Rétor no podía no serlo. Comparto la opinión de W. Trillitzsch de que el estilo y la *Beweisführung* de Séneca el Filósofo han estado influenciados profundamente por la retórica del padre (Trillitzsch, *Senecas Beweisführung*, pp. 12-18).

Séneca coloca, por tanto, a Fabiano tras Cicerón, al que considera *maximus*, tras Asinio Polión, situado en el segundo lugar, y también tras Livio, pero delante de todos los demás (*epist.* 100, 9) y recuerda que se trata de un filósofo, poco preocupado, por ello, del estilo. Pero añade una interesante interpretación del estilo ciceroniano, es decir, siguiendo a Leeman, del estilo clásico, y de las características que debía tener una *oratio*. Cito ambos juicios con las propias palabras de Séneca:

(4) a. Sen. *epist.* 100, 7 *Lege Ciceronem: compositio eius una est, pedem servat, curvat lenta et sine infamia mollis. At contra Pollionis Asinii salebrosa et exiliens et ubi minime exspectes, relictura. Denique omnia apud Ciceronem desinunt, apud Pollionem cadunt.*

b. 100, 10 "*Desideres*" *inquis* "*contra vitia aliquid aspere dici, contra pericula animose, contra fortunam superbe, contra ambitionem contumeliose. Volo luxuriam obiurgari, libidinem traduci, inpotentiam frangi: sit aliquid oratorie acre, tragice grande, comice exile*".

Particularmente importante es lo que se dice en el segundo pasaje arriba citado, porque aquí se afirma que el estilo debe adaptarse a las cosas y a las situaciones que se exponen. Veremos que ésta es una característica esencial del estilo de Séneca.

También en el juicio de Séneca el Padre aparece el aspecto de la relación entre un tono dulce y uniforme de la elocución y uno cortante. Fabiano era alumno de Arellio Fusco –nos cuenta Séneca el Rétor (*contr.* 2 pr. 1)– y Arellio Fusco poseía un estilo complejo, pero apacible y dulce. Fabiano trató de alejarse de este estilo con el empleo de una mayor simplicidad, pero no consiguió siempre evitar la oscuridad y el uso de frases cortantes. Sin embargo, empleó *dulces sententiae* (*contr.* 2 pr. 2). Séneca el Filósofo reconocerá ante el detractor Lucilio que a Fabiano le faltan los *ictus sententiarum*. Así pues, a sus *sententiae dulces* les falta vigor para ser verdaderas *sententiae*:

(5) Sen. *epist.* 100, 8 *Humilia praeterea tibi videri dicis omnia et parum erecta* [...] *non enim illa humilia sunt, sed placida et ad animi tenorem quietum compositumque formata, nec depressa, sed plana. Deest illis oratorius vigor stimulique, quos quaeris, et subiti ictus sententiarum.*

No es una postura muy diferente a la de Apro en el *Dialogus de oratoribus* taciteo (23, 4)[22]. Por lo tanto, las *sententiae* deben tener un *oratorius vigor* y resultar como golpes, como destellos de puñal. Algunos importantes aspectos del gusto senecano se ponen en evidencia en estos pasajes, aspectos que ciertamente deben contrastar con el ideal ciceroniano de Quintiliano, pero ante los cuales Lucilio adopta una postura que parece corresponder a la de los partidarios de Séneca de los que habla Quintiliano, mientras el propio Séneca se guarda bien de descender hasta su excesivo nivel. Pero, sobre todo, aparecen algunos detalles interesantes: la *oratio* de Cicerón, del grandísimo Cicerón, a Séneca le parece que fluye calmada, *lenta e sine infamia mollis*, así pues, "dulce" en el buen sentido de la palabra, el estilo debe adaptarse a las diversas situaciones expresivas, las *sententiae* no sólo son necesarias, sino que deben llegar como *subiti ictus*. Resulta innegable que nos encontramos de frente a las mismas exigencias y a gustos análogos a los del asianismo griego de Hegesias. Se trata del asianismo con frases breves, lleno de figuras y tropos, bien distinto al asianismo de frases largas y ampulosas. La distinción es de Cicerón y ha sido recogida por Norden y criticada por Wilamowitz, una crítica que yo mismo he aprobado, pero sobre la que ya tenemos un nuevo documento que nos permite una mayor claridad. Debo detenerme en este punto, relacionado, a primera vista, sólo indirectamente con el juicio de Quintiliano, pero que se trata, sin embargo, de un aspecto esencial, como veremos, desde varios puntos de vista. Cicerón, por tanto, distingue entre dos tipos de asianismo:

---

22. Tac. *dial.* 23, 4 *porro ne in corpore quidem valitudinem medici probant, quae animi anxietate contingit; parum est aegrum non esse: fortem et laetum et alacrem volo. Prope abest ab infirmitate, in quo sola sanitas laudatur.*

(6) a. Cic. *Brut.* 325 sq. *genera* [...] *Asiaticae dictionis duo sunt: unum sententiosum et argutum, sententiis non tam gravibus et severis quam concinnis et venustis; qualis in historia Timaeus, in dicendo autem pueris nobis Hierocles Alabandeus, magis etiam Menecles frater eius fuit* [...]. *aliud autem genus est non tam sententiis frequentatum quam verbis volucre atque incitatum, quali est nunc Asia tota, nec flumine solum orationis, sed etiam exornato et faceto genere verborum.*

b. Cic. *Att.* 12, 6, 1 *De Caelio vide, quaeso, ne quae lacuna sit in auro. ego ista non novi; sed certe in collubo est detrimenti satis. Huc aurum si accedit – sed quid loquor? Tu videbis. Habes Hegesiae genus, quod Varro laudat.*

En realidad, de Hegesias tenemos un largo fragmento citado por Dionisio de Halicarnaso (*comp. verb.* 18, II 81,15-82,7), tratado en la *Historia de Alejandro*, lleno de dramaticidad, no arruinada por los efectos lingüísticos. El otro tipo con largos períodos, lleno de palabras y rimbombante está ejemplificado, en griego, en la inscripción de Antíoco de Comagene, recogida en la *Kunstprosa* de Norden (pp. 152-156). Norden escribe que esta importante inscripción es fundamental para comprender el estilo de Cicerón y realmente tiene razón. Su opinión fue contestada por Wilamowitz ("Asianismus und Attizizmus", pp. 257 ss.), con el argumento de que la distinción entre los dos tipos de asianismo correspondía a la distinción entre el estilo oral, λέξις εἰρομένη, hecho con frases coordinadas entre sí, y el estilo elaborado, λέξις κατεστραμμένη, con largos períodos hechos de frases subordinadas unas de otras, según la conocida distinción de Aristóteles, *rhet.* III 1409a24[23]. En realidad, el asianismo –sostenía Wilamowitz– no era otra cosa que la lengua de

23. Arist. *rhet.* III 1409^{a}24-36 τὴν δὲ λέξιν ἀνάγκη εἶναι ἢ εἰρομένην καὶ τῷ συνδέσμῳ μίαν, ὥσπερ αἱ ἐν τοῖς διθυράμβοις ἀναβολαί, ἢ κατεστραμμένην καὶ ὁμοίαν ταῖς τῶν ἀρχαίων ποιητῶν ἀντιστρόφοις. ἡ μὲν οὖν εἰρομένη λέξις ἡ ἀρχαία ἐστιν [[Ἡροδότου Θουρίου ἥδ᾽ ἱστορίης ἀπόδειξις]]· ταύτῃ γὰρ πρότερον μὲν ἅπαντες, νῦν δὲ οὐ πολλοὶ χρῶνται. λέγω δὲ εἰρομένην, ἣ οὐδὲν ἔχει τέλος καθ᾽ αὑτήν, ἂν μὴ τὸ πρᾶγμα λεγόμενον τελειωθῇ. ἔστι δὲ ἀηδὴς διὰ τὸ ἄπειρον· τὸ γὰρ τέλος πάντες βούλονται καθορᾶν. "The *lexis* [of formal speech and artistic prose] is necessarily either *strung-on* and given unity by connection, like the preludes in dithyrambs, or *turned-down* and like the antistrophes of the ancient poets. The strug-on style is the ancient one, for in the past all used it, but now not many do. I call that strung-on which has no end in itself except in so far as the thought is completed. It is unpleasant because it is unlimited, for all wish to foresee the end" (G.A. Kennedy: Aristotle, *On Rhetoric,* pp. 239-240).

la *koiné*. Este principio general de Wilamowitz era, él también, justo, yo mismo lo acepté, pero anteriormente, y con mucha más autoridad que yo, lo aceptó el propio Norden. En efecto, faltaba en latín un documento similar a la inscripción de Antíoco de Comagene, únicamente se podía confrontar con el griego de la *koiné* y, para pensar en la estilización del asianismo con largos períodos, se debía pensar en las oraciones de Cicerón, que no presentan la misma perspicacia, como λέξις κατεστραμμένη, que el ejemplo (6b) como λέξις εἰρομένη. En efecto, en las oraciones de Cicerón, junto a períodos largos, se encuentran también frases breves coordinadas. Pero ahora hace dos años que Werner Eck, Antonio Caballos y Fernando Fernández han publicado finalmente, tras una larga espera, un documento, el *senatus Consultum de Cn. Pisone patre*, datado exactamente el diez de diciembre del 20 D.C. que, según mi parecer, colma perfectamente esta laguna, aportando la pieza que le faltaba a nuestro puzzle. Yo ya me he ocupado de este documento en una intervención publicada en las *Mélanges offerts à Claude Moussy* y me limitaré a hacer únicamente tres observaciones y a citar un fragmento de este texto: (1) se trata de un documento de lengua jurídica que, más allá del hecho de ser un *Senatus Consultum*, presenta caracteres específicos de la lengua jurídica romana, de las leyes y de los jurisconsultos; (2) también la inscripción de Antíoco de Comagene es, al menos en la amplia parte final, lengua jurídica, siendo una ley, un νόμος, indicado expresamente en el título; (3) el emperador Tiberio ha dado testimonio directamente del acto, redactado por su cuestor Aulo; es natural que también el estilo refleje el gusto de Tiberio o no contraste con él. Gracias a Suetonio sabemos que Tiberio, además de no usar palabras extrañas, preferir expresar tales conceptos con frases relativas:

(7) Suet. *tib.* 71 *sermone Graeco quamquam alioqui promptus el facilis, non tamen usque quaque usus est* [sc. Tiberius] *abstinuitque maximeque in senatu* [...] *atque etiam cum in quodam decreto patrum* ἔμβλημα *recitaretur, commutandam censuit vocem et pro peregrina nostratem requirendam aut, si non reperiretur, vel pluribus et per ambitum verborum rem enuntiandam*[24].

24. Cf. Leeman, *Orationis Ratio*, p. 321 ss.: "Se ve que la posibilidad de *translatio* ha sido abandonada por el principio más exacto, aunque más incómodo, de la cincunlocución".

Ya el *Senatus Consultum de Cn. Pisone patre* es largo –176 líneas–, y presenta 88 pronombres relativos, una frase relativa cada dos líneas y, respecto al uso complexivo de los pronombres, los pronombres relativos representan el 37,76%, mientras que el mismo *is*, *ea*, *id*, que se queda con la parte del león en los documentos jurídicos y en los jurisconsultos, aparece 74 veces (el 31,76%). En el documento aparecen 13 períodos, pero, si excluimos los tres finales, breves para las indicaciones formales, son en total 10 en las 173 líneas (excluidas las tres finales). Así pues, una media de otras 17 líneas por cada período. Pero los períodos centrales son bastante más largos. Veamos uno de ellos:

(8) S. C. Cn. Pis.patre 45-68 *bellum etiam civile excitare conatus sit* [sc. *Cn.Piso pater*], *iam pridem numine divi Aug(usti) virtutibusq(ue) Ti. Caesaris Aug(usti) omnibus civilis belli sepultis malis repetendo provinciam Syriam post mortem Germanici Caesaris* ***quam*** (evidencia mía) *vivo eo pessumo et animo et exemplo reliquerat, atq(ue) ob id milites R(omani) inter se concurrere coacti sint, perspecta etiam crudelitate unica* [sc.*Cn.Pisonis patris*], ***qui*** *incognita causa, sine consili sententia plurimos capitis suplicio adfecisset neq(ue) externos tantummodo, sed etiam centurionem c(ivem) R(umanum) cruci fixsisset;* ***qui*** *militarem disciplinam a divo Aug(usto) institutam et servatam a Ti. Caesar(e) Aug(usto) corrupisset, non solum indulgendo militibus, <ne> his,* ***qui*** *ipsis praesunt, more vetustissumo parerent, sed etiam donativa suo nomine ex fisco principis nostri dando,* ***quo*** *facto milites alios Pisonianos, alios Caesarianos dici laetatus sit, honorando etiam eos, qui post talis nominis usurpationem ipsi paruisse <n>t;* ***qui*** *post mortem Germanici Caesaris,* ***quoius*** *interitum non p(opulus) R(omanus) modo, sed exterae quoq(ue) gentes luxserunt, patri optumo et indulgentissumo libellum,* ***quo*** *eum accusaret, mittere ausus sit oblitus non tantum venerationis caritatisq(ue),* ***quae*** *principis filio debebantur, ceterum humanitatis quoq(ue),* ***quae*** *ultra mortem odia non patitur procedere, et* ***cuius*** *mortem gavisum esse eum his argumentis senatui apparuerit: quod nefaria sacrificia ab eo facta, quod naves,* ***quibus*** *vehebatur, ornatae sint, quod recluserit deorum immortalium templa,* ***quae*** *totius imperi R(omani) constantissuma pietas clauserat, eiusdemque habitus animi argumentum fuerit, quod dedisset congiarium ei,* ***qui*** *nuntiaverit sibi de morte Germanici Caesaris, probatum<q(ue)>sit frequenter{q(ue)} convivia habuisse eum his ipsis diebus,* ***quibus*** *de morte Germanici Caesaris ei nuntiatum erat.*

He aquí un documento de lengua jurídica, de estilo asianista, en todo análogo, también en el uso de las relativas, [25] a la inscripción de Antíoco de Comagene, por tanto, del tipo asianista "ciceroniano", con períodos largos, pero, como se ve, mucho más complejo y enrevesado que el estilo de Cicerón. Para tener un cuadro completo del estilo asianista, quiero ahora aportar un brevísimo pasaje de la carta con la cual un asianista reconocido como el triunviro M. Antonio se dirigió en el 49 a Cicerón, invitándole a permanecer en Italia y a no seguir a Pompeyo a Épiro. Antonio no lo dice directamente, sino de un modo ambiguo y retorcido, insistiendo en que la noticia de su próxima partida hacia el Épiro debe ser falsa, falsa, falsa:

(9) Anton. Cic. *Att.* 10,8A,1 *Nisi te valde amarem et multo quidem plus quam tu putas, non extimuissem rumorem qui de te prolatus est, cum praesertim* ***falsum*** *esse existimarem: sed quia te nimio plus diligo, non possum dissimulare mihi famam quoque, quamvis sit* ***falsa, falsam*** *agnoscere magni esse* [26].

También en este caso tenemos en la crítica antigua y precisamente en Plutarco, *Ant.* 2, 8 la conexión entre estilo y tipo de vida, la declaración de una gran ὁμοιότης entre el género de vida y el estilo de Antonio [27]. Mantengamos, por tanto, bien presente estos dos tipos de asianismo, el uno con largos períodos y con frases subordinadas y ligadas entre sí, el otro con frases coordinadas y juegos de palabras. Retornemos ya al estilo de Séneca y al juicio de Quintiliano.

El estilo de Séneca ha sido estudiado por muchos y desde muchos puntos de vista. Recordaré aquí sólo dos definiciones bastante formularias del mismo: una de Alfonso Traina, la otra de Winfried Trillitzsch. Traina (*Lo stile "drammatico" del filosofo Seneca*, p. 25) ha observado: "certo la cellula lin-

---

25. Cf. G. Calboli, "Le *Senatus Consultum de Cn. Pisone patre*", p. 120
26. Cf. mi artículo "The Asiatic Style of Antony", p. 18
27. Plut. *Ant.* 2,8 Ἐχρῆτο [sc. Antonius] δὲ τῷ καλουμένῳ μὲν Ἀσιανῷ ζήλῳ τῶν λόγων, ἀσθοῦντι μάλιστα κατ᾽ ἐκεῖνον τὸν χρόνον, ἔχοντι δὲ πολλὴν ὁμοιότητα πρὸς τὸν βίον αὐτοῦ κομπώδη καὶ φρυαγματίαν ὄντα καὶ κενοῦ γαυριάματος καὶ φιλοτιμίας ἀνωμάλου μεστόν. "He adopted what was called the Asiatic style of oratory, which was at the height of its popularity in those days and bore a strong resemblance to his own life, which was swashbuckling and boastful, full of empty exultation and distorted ambition", traducción de Bernadotte Perrin (*Plutarch's Lives with an English Translation,* vol. 9, Cambridge 1950, 141).

guistica di Seneca e della sua età è la frase, la *sententia*; nell'epoca di Cesare e di Cicerone era stato il periodo; nell'epoca di Frontone sarà la parola". Es una fórmula lingüística precisa y brillante con la cual estoy de acuerdo, aunque yo sería un poco más cauto al atribuir a toda la época de Séneca la *sententia*, evidentemente, con el valor de frase, no de γνώμη, como centro lingüístico: estaría seguro de Séneca, de sus imitadores y de los asianistas de tendencia egesiana activos en esta época o seguidores del Nuevo Estilo, que, según mi parecer, no era muy diferente del asianismo de tipo egesiano.

La segunda definición se encuentra al inicio del importante estudio de Winfried Trillitzsch sobre la argumentación de Séneca (W. Trillitzch, *Senecas Beweisführung*, p. 1): "In der Tat fließen bei Seneca verschiedenste Strömungen zusammen: philosophische Schuldialektik der alten und mittleren Stoa, rhetorische declamatio der frühen Kaiserzeit und paränetischer Stil der kynisch-stoischen Diatribe, verbunden durch bildhafte, dichterische Sprache" ("En efecto, en Séneca convergen las más diversas corrientes: de la filosofía, la dialéctica escolástica de la Stoa antigua y media; de la retórica, la declamación de los primeros años del Imperio, el estilo parenético de la Diatriba estoico-cínica, todo ello unido por medio de una lengua poética y llena de imágenes"). Ambas fórmulas son ciertas, aunque también son inevitablemente parciales, como toda fórmula, pero son útiles para caracterizar el estilo de Séneca. En la de Traina se pone en evidencia el aspecto sintáctico del estilo del filósofo con la indicación de su comportamiento en cuanto a los tres componentes sintácticos de cada discurso: el período, como totalidad de las frases, pequeño fragmento de texto, la frase y la palabra. Se puede añadir que la elección senecana de considerar como centro del discurso la frase ha tenido obvias consecuencias en el uso de los pronombres, en particular, de los pronombres deíctico-demostrativos que sirven de referencia a términos presentes en otras frases. Cuanto más fragmentado está el discurso en varias frases, en vez de concentrado en amplios períodos de tipo ciceroniano, tanto más se impone el uso de pronombres deíctico-demostrativos, o bien es el tipo de lengua que exige una referencia precisa y bastante despersonalizada. Tal es la lengua jurídica de las leyes y de los decretos y de los propios juristas. En este tipo de lengua predomina largamente el pronombre *is*, *ea*, *id* respecto a todos los demás pronombres de referencia deíctico-demostrativos, como *hic*, *iste*, *ille*. Lo ha demostrado Maria Selig para la lengua de las leyes y yo mismo he encontrado una confirmación de tal asunto en la lengua de los juristas, en particular, del siglo I del Imperio (cf. M. Selig, *Die Entwicklung der Nominaldeterminanten*, pp. 34-40; G. Calboli, *Über das Lateinische*, pp. 111-121). Sin embargo, Séneca utiliza en gran medida todos estos pronombres. He realizado un rápido análisis estadístico de los pronombres usados por Séneca en una decena de cartas; el análisis se ha realizado sobre una muestra excesivamente reducida como para permitir resultados fiables, pero puedo decir tres cosas: (1) Séneca usa abundantemente todos los pronombres, en particular, el pronombre relativo y el deíctico-demostrativo *ille*, que parece ser el más empleado por él; (2) también se usa con relativa frecuencia *is*, *ea*, *id*, a menudo introducido por el relativo, pero ciertamente no con la frecuencia de la lengua jurídica, en la que, por el contrario, *is* es muy frecuente e *ille*, sin embargo, bastante poco, tanto en la lengua de las leyes, como en la de los juristas (falta por completo en el *S.C. pisoniano*, pero puede ser una casualidad). Por el contrario, *ille* es frecuente en los documentos de lengua en los que se quiere y debe impresionar y en el latín vulgar y tardío (cf. G. Calboli, *Über das Lateinische*, pp. 112-114). (3) como ya ha señalado Traina (*Lo stile "drammatico" del filosofo Seneca*, pp. 54-60), es frecuente el uso del pronombre reflexivo *se*, más habitualmente como reflexivo directo, no como reflexivo de larga distancia o **logofórico**.

Así pues, en el estilo de Séneca concurren varios componentes: el estilístico-retórico, el filosófico, el poético. La fórmula de Trillitzsch pone claramente de manifiesto estos componentes abundantes y también, a veces, contradictorios, de los cuales se nutre este estilo. Pero hay otro componente sobre el cual ha llamado la atención Leeman, la moderación y la agudeza crítica de Séneca, que nos hace ver la complejidad de su postura. Dos cuestiones, antes de nada: (1) en la epístola 100, Séneca, defendiendo a Fabiano, muestra una notable moderación y "reprocha las ideas excesivamente innovadoras de Lucilio", pero, sobre todo, (2), en la *epist.* 114, 10, criticando a Mecenas, presenta un análisis agudo de los motivos de mutación de estilo, un análisis que resalta no sólo al hijo y al alumno de aquel gran maestro que había sido Séneca el Rétor, sino también su conciencia de la evolución histórica de los estilos. En efecto, éste escribe:

(10) Sen. *epist.* 114,10-11 *Cum adsuevit animus fastidire, quae ex more sunt, et illi pro sordidis solita sunt, etiam in oratione, quod novum est, quaerit et*

modo antiqua verba atque exsoleta revocat ac profert, modo fingit et ignota ac deflectit, modo, id quod nuper increbruit, pro cultu habetur audax translatio ac frequens. Sunt qui sensus praecidant et hoc gratiam sperent, si sentencia pependerit et audienti suspicionem sui fecerit: sunt qui illos detineant et porrigant: sunt, qui non usque ad vitium accedant –necesse est enim hoc facere aliquid grande temptanti– sed qui ipsum vitium ament. Itaque ubicumque videris orationem corruptam placere, ibi mores quoque a recto descivisse non erit dubium.

Este pasaje es importante, porque no aparece aislado, sino que se relaciona con la idea del progreso y de la decadencia de las cosas. Más en particular, y con el fin de mantenernos dentro de nuestro tema concreto, se relaciona con la concepción, presentada por Plinio, *nat.* 34,52, de las tres fases del clasicismo para las artes visuales, pero también aplicable a la oratoria, con un procedimiento ya presente en el *Brutus* de Cicerón (70-71). Konrad Heldmann ("Dekadenz und literarischer Fortschritt bei Quintilian und bei Tacitus", p. 3), recuerda que la periodización del Clasicismo se desarrolla en tres fases, la fijación de un Clasicismo preparatorio, de un Período Intermedio decadente y de un retorno al Clasicismo, y que esta periodización se había fijado ya en la mitad del siglo II a.C. En el artículo de Heldmann hay un análisis exacto de los defectos del Estilo Nuevo y se confirma la idea de que el estilo y las costumbres van juntas, de que el estilo de un escritor se corresponde con su modo de vida (Sen. *epist.* 114,1 *talis hominibus fuit oratio qualis vita,* οἷος ὁ τρόπος, τοιοῦτος ὁ λόγος). Respecto al clasicismo, también Lana (*Analisi delle "lettere a Lucilio"*, pp. 77-83), tras haber puesto de manifiesto la hostilidad manifiesta de Quintiliano hacia Séneca, vuelve a encontrar en la actitud general del clasicismo de Quintiliano el motivo de su juicio negativo sobre el estilo de Séneca: Séneca, dándose cuenta de la evolución de la sociedad, había elaborado un nuevo estilo, "con la vista vuelta hacia el futuro", mientras la mirada de Quintiliano "como buen clasicista, estaba vuelta hacia el pasado" (p. 83). En cambio, en lo referente a la relación estilo-vida, A.D. Leeman (*Orationis Ratio*, p. 373) ha recordado los precedentes de Platón, Arístides, Cicerón y Quintiliano. Más arriba hemos visto que también Plutarco, en su juicio sobre el estilo asianista de Antonio, habla de una gran ὁμοιότης entre el estilo y la vida. A su vez, Donato Gagliardi (*Cultura e critica letteraria*, p. 90) ha puesto de manifiesto, permaneciendo muy oportunamente en el terreno de la crítica literaria de este tiempo, que esta idea encuentra equivalencias con el *Satyricon* de Petronio y con el Περὶ ὕψους, y no sólo en referencias concretas (*sub.* 9,13; *sat.* 118, según Gagliardi)[28], pero también en el tono de amargura que invade a los tres autores. El hecho de que esta crítica aluda al Estilo Nuevo y, en la crítica de Plutarco, al estilo asianista de Antonio confirma, según mi parecer, la sustancial exactitud de la tesis de Norden de que el estilo asianista continúa en el Estilo Nuevo o, al menos, posee una gran semejanza con él, reconocida por un autor posterior como Plutarco, que, sobre este punto, no establecía diferencias entre el Asianismo y el Estilo Nuevo[29]. Entre otras cosas, la gran influencia del padre Séneca el Rétor sobre Séneca el Joven, sobre la cual ha insistido con razón W. Trillitzsch (*Senecas Beweisführung*, pp. 15-17), representa un elemento de conexión directa con el Asianismo de los oradores. Winfried Trillitzsch, aceptando una definición de Richard Bentley (“*loquendi modus Senecarum domui paene peculiaris*”), habla de un “Familienstil” en la costumbre de colocar en las comparaciones en primera posición aquello que debía ir en segunda, pero que impactaba más: Sen.

---

28. ‘Long.’ *subl.* 9,13-15 ὅθεν ἐν τῇ Ὀδυσσείᾳ παρεικάσαι τις ἂν καταδυομένῳ τὸν Ὅμηρον ἡλίῳ, οὗ δίχα τῆς σφοδρότητος παραμένει τὸ μέγεθος. οὐ γὰρ ἔτι τοῖς Ἰλιακοῖς ἐκείνοις ποιήμασιν ἴσον ἐνταῦθα σῴζει τὸν τόνον οὐδ´ ἐξωμαλισμένα τὰ ὕψη καὶ ἰζήματα μηδαμοῦ λαμβάνοντα, οὐδὲ τὴν πρόχυσιν ὁμοίαν τῶν ἐπαλλήλων παθῶν, οὐδὲ τὸ ἀγχίστροφον καὶ πολιτικὸν καὶ ταῖς ἐκ τῆς ἀληθείας φαντασίαις καταπεπυκνωμένον [...] Δευτέρου δὲ εἵνεκα προσιστορήσθω τὰ κατὰ τὴν Ὀδύσσειαν· ὅπως ᾖ σοι γνώριμον ὡς ἡ ἀπακμὴ τοῦ πάθους ἐν τοῖς μεγάλοις συγγραφεῦσι καὶ ποιηταῖς εἰς ἦθος ἐκλύεται. Τοιαῦτα γάρ που τὰ περὶ τὴν τοῦ Ὀδυσσέως ἠθικῶς αὐτῷ βιολογούμενα οἰκίαν, οἱονεὶ κωμῳδία τίς ἐστιν ἠθολογουμένη. “Por el cual, en la *Odisea* Homero podría parangonarse con el sol que se está poniendo. En efecto, no consigue mantenerse a la misma altura que los célebres cantos ilíadicos, ya no es siempre sublime y de altos vuelos, sin claudicación alguna, ya no igualmente desbordante de pasiones, unas tras otras, ya no tiene la versatilidad y la fuerza oratoria plena de imágenes tomadas de la realidad [...]. Por un segundo motivo se han hecho estas observaciones sobre la *Odisea,* para que te resulte claro cómo la decadencia de las pasiones en los grandes escritores y poetas desemboca en el análisis de los afectos. Más o menos, las descripciones de los afectos que él hace de la casa de Odiseo son, por así decirlo, una comedia de costumbres” (v. la trad. de F. Donadi). Cf. también la nota de D.A. Russell, *Commentary,* p. 99: “Aristotle and L(onginus) mean that the *Odyssey* is more realistic, nearer to everyday life, milder in emotional tone”. Resulta más difícil ver esta correspondencia en Petronio, donde no se desea forzar la interpretación del texto: Petron. 118, 6 *non enim res gestae versibus comprehendendae sunt, quod longe melius historici faciunt, sed per ambages deorumque ministeria et fabulosum sententiarum †tormentum† praecipitandus est liber spiritus, ut potius furentis animi vaticinatio appareat quam religiosae orationis sub testibus fides.*

29. Sobre esto, no quiero reiterar cuanto ya he dicho en contra de la opinión de Janet Fairweather, *Seneca the Elder,* pp. 243-303, la cual, sin embaro, tiene razón en remarcar que muchos oradores no eran asianistas (cf. Calboli, *Asiani (oratori),* pp. 229-231).

suas. 1,16 *sed non minus multa magnifice dixit quam corrupte*, una construcción estilística común a Séneca el Filósofo, a Séneca el Rétor y a Lucano[30]. Ciertamente, no podemos pensar en una correspondencia perfecta Asianismo-Estilo Nuevo, y en el así llamado Estilo Nuevo se han hecho importantes añadidos, como aquél, de notable importancia, de que el estilo se debe adaptar a cada situación y de que la concordancia entre estilo y vida debe conducir a sentir aquello que uno dice y a decir aquello que uno siente (*Haec sit propositi nostri summa: quod sentimus loquamur, quod loquimur sentiamus; concordet sermo cum vita, epist.* 75,4). "Una especie de emotiva inmediatez –tal es el comentario de Leeman (*Orationis Ratio*, p. 369)– fue realmente la mejor parte del Estilo Nuevo y es la cualidad por la que es superior, en un cierto sentido, al frío, lógico y, a menudo, excesivamente aburrido modo de expresión del latín clásico". Quiero demorarme en este punto, ya que éste encuentra un precedente de prestigio en Horacio y porque creo que éste es el punto diferenciador entre Séneca y Quintiliano. Para ayudarme con un concepto lingüístico, diré que este estilo de Séneca, el estilo de Séneca así concebido, podría ser considerado con tendencia a lo icónico, inclinado, por tanto, a adaptarse a cada una de las diversas situaciones y a imitar en la expresión la situación que debe ser expresada, yendo más allá de la naturaleza del signo lingüístico, al que se considera arbitrario en la lingüística moderna. Así pues, se trata de algo más que del πρέπον aristotélico y que del πρέπον, en latín *aptum*, la tercera de las ἀρεταὶ τῆς λέξεως de Teofrasto, es decir, σαφήνεια,̓ Ἑλληνισμός, πρέπον, κατασκευή, *perspicuitas, Latinitas, aptum, ornatus*, aunque ciertamente la doctrina del πρέπον representa un precedente de la posición de Séneca. Como un precedente representa la doctrina ciceroniana (*orat.* 101), según la cual, es verdaderamente elocuente aquel que sabe aplicar los tres *genera dicendi*, alto, medio y bajo, según el carácter de las cosas que hay que exponer, es decir, *parva summisse, modica temperate, magna graviter*. Pero se trata siempre de una aplicación del criterio del prevpon según esquemas precisos y rígidos. La doctrina del ὁμοπαθεῖν va más allá, alcanza el criterio inicial de la lengua, aquel que caracteriza las palabras primigenias, las πρῶται φωναί, es

30. R. Bentley a Luc. 1,372, en: *M. A. Lucani Pharsalia, cum notis H. Grotii et R. Bentleii*, Strawberry-Hill, 1760, 44.

decir, la imitación fónica o similares. Esta doctrina del ὁμοπαθεῖν aparece en el *Ars Poetica* de Horacio, en los versos 101-107:

(11) Hor. *ars* 101- 107

ut ridentibus arrident, ita flentibus adflent
humani vultus. si vis me flere, dolendum est
primum ipsi tibi; tum tua me infortunia laedent,
Telephe vel Peleu; male si mandata loqueris
aut dormitabo aut ridebo. tristia maestum
vultum verba decent, iratum plena minarum,
ludentem lasciva, severum seria dictu.
format enim natura prius nos intus ad omnem
fortunarum habitum; iuvat aut impellit ad iram
aut ad humum maerore gravi deducit et angit;
post effert animi motus interprete lingua.

Naturalmente, remito al rico comentario de C.O. Brink (*Horace on Poetry, The 'Ars Poetica'*, pp. 184-187) y al reciente de Paolo Fedeli (pp. 1504-1507). Aparece un ejemplo de este ὁμοπαθεῖν justo después del verso 139 *parturient montes, nascetur ridiculus mus*. Aquí, el monosílabo *mus* es aceptable, dice Servio en el comentario de Virg. *Aen.* 8, 83 *procubuit viridique in litore conspicitur sus*, es aceptable, por tanto, a pesar de que sea defectuoso cerrar un verso con un monosílabo, ya que se trata de un pequeño animal, y el monosílabo –se puede añadir– subraya la desproporción entre los *montes* y el 'ratón' surgido del parto. Ferdinand Sommer ("Lucilius als Grammatiker", p. 72) ha puesto de manifiesto que ya en Lucilio se encuentra una teoría gramatical, que él denomina συμπάσχειν-Theorie, según la cual, las formas de un vocablo se adaptan desde el punto de vista morfológico a aquello que deben expresar. Por tanto, Lucilio usa *puerei* como nominativo plural y *pueri* como genitivo singular, ya que *puerei*, al indicar una cantidad mayor, debe tener también más cuerpo morfológicamente:

(12) Lucil. 364-6 M.

Iam 'pueri venere? 'e' postremum facito atque 'i'
ut puerei plures fiant; 'i' si facis solum,
'pupilli pueri Lucili', hoc unius fiet.

Esta teoría de Sommer ha sido discutida y aceptada también por un especialista de Lucilio como Italo Mariotti (*Studi Luciliani*, pp. 25 ss.), y consiste en el hecho de que, como indica EM p. 566, συνέπαθεν ἡ φωνὴ τῷ σημαινομένῳ. Ciertamente, un conocedor de Lucilio como Horacio era consciente de este uso, que ha utilizado y criticado Lucilio. Además del pasaje de *Ars* 139, recuerdo otros dos pasajes horacianos en los cuales se observa el συνέπαθεν ἡ φωνὴ τῷ σημαινομένῳ: en los versos 319-322 Horacio señala que una narración (*fabula*) llena de cosas, aunque compuesta sin arte, mantiene más pendientes a los oyentes que un discurso bien elaborado, pero pobre de sucesos. Descendiendo al terreno de la *fabula sine arte*, el propio Horacio utiliza una expresión coloquial, *valdius oblectat* (v. Brink, *The 'Ars Poetica'*, p. 346). En la *epist.* 1,19,28, *temperat Archilochi Musam pede mascula Sappho*, Horacio hace referencia a la métrica derivacional, la doctrina métrica más antigua, según la cual, todos los metros derivaban del hexámetro y del trímetro yámbico por la *quadripertita ratio* de *adiectio*, *detractio*, *transmutatio*, *immutatio*. Éstas utilizan, por tanto, un hipérbaton, relacionando *temperat* con *Musam* y *Archilochi* con *pede*, y emplean un tropo que se obtiene por *transmutatio*, advirtiendo el lector en el verso siguiente (29) que la derivación operada por Alceo es como en el hipérbaton *ordine dispar*. Así pues, Horacio ofrece al lector una advertencia específica de la forma estilística al respecto que él quiere expresar[31].

Por tanto, ya antes de Séneca, Horacio había puesto en práctica esta adaptación de la lengua al texto y a la situación que se debe expresar y esto incluso en la morfología y en la sintaxis, aplicando la teoría por la cual συνεπάθεν ἡ φωνὴ τῷ σεμαινομένῳ. Ya impresiona el hecho de que este mismo procedimiento, es decir, el que Sommer ha llamado σύμπασχειν –Theorie, era bien conocido y estaba presente para Séneca, al que alude en las *Naturales Quaestiones*:

(13) Sen. *nat.* 2, 56 *dicimus enim ut splendere sic fulgere. at illis* [sc. *antiquis*] *ad significandam hanc 'e' nubibus subitae lucis eruptionem mos erat correpta media syllaba uti, ut dicerent 'fulgĕre'.*

Por tanto, la característica de adaptar la lengua y el estilo a la situación que encontramos expresada por Séneca viene ya de lejos y no nace de la

31. Sobre este asunto, remito a mi artículo "On Horace's *Epist.* 1.19", donde he introducido la propuesta de solución arriba indicada de la *crux* interpretativa de Hor. *epist.* 1,19,28 *temperat Archilochi Musam pede mascula Sappho.*

extravagancia del escritor: el respeto que Quintiliano muestra con respecto a Séneca es merecido: el estilo de Séneca posee profundidad, una base fundamentada. Yo dudaría en aceptar la idea de Thomas Gelzer, de que Quintiliano, en su juicio sobre Séneca, utiliza la εἰρωνεία [32], incluso aunque es justa la observación de Gelzer de que la segunda parte del juicio es más desfavorable que la primera y que Quintiliano ha señalado las "consecuencias catastróficas" de la imitación de Séneca por parte de sus partidarios (Th. Gelzer, "Quintilians Urteil über Seneca", p. 218). Comparto, en lo fundamental, la opinión de Laureys ("Quintilian's Judgement", p. 124), de que Quintiliano se ha preocupado por sus estudiantes, por consiguiente, por una imitación de Séneca que podía ser desastrosa. Nosotros no podemos leer las obras de los imitadores de Séneca al igual que podía hacerlo Quintiliano y debemos, por tanto, darle fe. Pero no debían ser gran cosa, si se han perdido por completo. De todos modos, para continuar dentro del estilo de Séneca, sin tener en cuenta a sus imitadores, uno de los componentes del estilo senecano es su juicio sobre el estilo de los escritores anteriores a él, a los cuales se refiere el propio Quintiliano y Gelio (12, 2, 1-14) y, en particular, el juicio senecano sobre Cicerón de las *epist.* 100, 7 (v. más arriba **(4a)**) y la *epist.* 114,15-16:

(14) Sen. *epist.* 114, 15-16 *Quid de illa loquar* [sc. *compositione*], *in qua verba differuntur et diu expectata vix ad clausulas redeunt? Quid illa in exitu lenta, qualis Ciceronis est, devexa et molliter detinens nec aliter quam solet, ad morem suum pedemque respondens?*

Todos nosotros tenemos la idea de que el estilo de Cicerón queda bastante bien caracterizado por esta definición. El mismo Traina (*Lo stile drammatico del filosofo Seneca*, p. 26) ha recordado que el estilo de César y de Cicerón se caracteriza por pocos, grandes centros sintácticos, fundamentalmente por períodos de numerosas frases unidas entre sí por una "trama de nexos lógicos".

En cuanto al juicio de Quintiliano, no resulta difícil encontrar precedentes a la crítica dirigida por él contra el estilo de Séneca y, especialmente, contra

32. Th. Gelzer, "Quintilians Urteil über Seneca", p. 217

sus imitadores, sobre todo si se mira más allá de la pura y simple polémica para abarcar toda la discusión, fuese negativa o positiva, sobre el estilo de los diversos autores (el propio Séneca, como hemos visto, la ha llevado a cabo con respecto a Mecenas, Cicerón, Asinio Polión, Papirio Fabiano). Séneca el Padre aporta muchísimo material al respecto y también el *Brutus* de Cicerón puede ser colocado entre estos trabajos. Permaneciendo en un terreno más próximo a la crítica, se pueden recordar las críticas del peripatético Agatárquides y del mismo Diógenes de Halicarnaso hacia el estilo egesiano, al que acusan de distraer al lector de la dramaticidad del relato con las figuras ornamentales empleadas (Dion. Hal. *comp.* 18,122-3), pero no poseemos un documento en el que la crítica se ocupe de un modo tan preciso también de los imitadores como en el juicio de Quintiliano.

En este punto tenemos delante de los ojos un cuadro bastante complejo y rico de los varios componentes y de los problemas de la crítica literaria y estilística de la época de Séneca y de la de Quintiliano, posterior en una veintena de años. Por ello, intentaré sintetizar el discurso en una fórmula que naturalmente tendrá todos los defectos de las fórmulas, inevitablemente parciales y empequeñecedoras. Los dos grandes géneros del estilo asianista, del estilo que, continuando dentro del Estilo Nuevo, muestra una vitalidad bien diferente al arqueológico estilo ático, aquel de frases subordinadas (λέξις κατεστραμμένη) y aquel de frases coordinadas (λέξις εἰρομένη) han encontrado, a través de su correcta aplicación, en el aspecto de las ἀρεταὶ τῆς λέξεως, dos grandes representantes, Cicerón y Séneca. Ambos, capaces de aproximarse al estilo opuesto y, por tanto, identificable con las dos escuelas estilísticas sólo tendencialmente, repito, sólo muy tendencialmente. Sería perjudicar injustamente a Séneca si se considerara su estilo como *harena sine calce*, como lo juzgaba Calígula, el cual, no obstante, entendía de retórica: *eloquentiae plurimum attendit*, dice de él Suetonio, *Cal.*, 53, 2 [33]. Y

33. Que Calígula fuese un buen orador lo declara Suet. *Cal.* 53, 2 *Ex disciplinis liberalibus minimum eruditioni, eloquentiae plurimum attendit, quantumvis facundus et promptus, utique si perorandum in aliquem esset. irato et verba et sententiae suppetebant, pronuntiatio quoque et vox, ut neque eodem loci prae ardore consisteret et exaudiretur a procul stantibus. peroratus 'stricturum se lucubrationis suae telum' minabatur, lenius comptiusque scribendi genus adeo contemnens, ut Senecam tum maxime placentem 'commissiones meras componere' et 'harenam esse sine calce' diceret.* Otro testimonio sobre la importancia que Calígula otorgaba a la retórica se obtiene en el episodio referido por Dión 59, 19. Domicio Afro, uno de los maestros de Quintiliano, atacado por

Quintiliano se guarda bien de hacerlo. *Harena sine calce* podría ser para él, en el peor de los casos, el resultado obtenido por los imitadores de Séneca. Pero sobre la otra vertiente, la de la λέξις κατεστραμμένη, ¿cuáles eran los defectos?, ¿las κακίαι τῆς λέξεως? Basta tomar el *Senatus Consultum de Cn. Pisone patre* para encontrarlas ante nuestros ojos: si yo no temiese ser acusado de usar criterios estilísticos egesianos o senecanos, me atrevería a destruir el juicio de Calígula y a definir aquel estilo como *calx sine harena*. Así pues, podemos tener a Cicerón y al *Senatus Consultum* pisoniano en una parte, la de la λέξις tendencialmente κατεστραμμένη, como ejemplos de buena y mala aplicación, y a Séneca y sus imitadores en la otra parte, la de la λέξις tendencialmente εἰρομένη. Cicerón y Séneca estaría en la parte de las ἀρεταὶ τῆς λέξεως, el *Senatus Consultum* pisoniano y los imitadores de Séneca, de la parte de las κακίαι τῆς λέξεως. Aunque, inevitablemente, hay diferencias: el *Senatus Consultum* pisoniano no es una obra literaria. Se puede pensar que pertenece a una correspondiente forma literaria como el discurso de Claudio *de civitate Gallis danda*, contenido en la tabla de Lyon, que posee la forma que le ha dado Tácito en *Ann.* 11,24[34]. Además, no poseemos a los imitadores de Séneca, tenemos el juicio crítico de Quintiliano y sólo algunas observaciones críticas de Séneca contra Cicerón. Ni siquiera Séneca habla contra los imitadores de Cicerón. Pero, sobre todo, el *Senatus Consultum* pisoniano es una documento de leyes. Así pues, las comparaciones parciales indicadas siguen siendo válidas y útiles, según mi parecer, en un cuadro global, aunque creo que se debe hacer, sobre esta base, un discurso más general o genérico, si se quiere decir, un discurso que yo presento como conclusión de esta intervención demasiado rápida para lo que debía decir, pero excesivamente larga para quienes me han tenido que escuchar.

En conclusión, nosotros, los modernos, debemos ser más modestos y prestar una mayor fe a los autores antiguos. La falta de testimonios y de datos nos debería inducir inevitablemente a serlo. El segundo estilo asianista era difícil de individualizar en el mundo romano, cuando se hacía referencia únicamente a los primeros discursos de Cicerón y faltaba un docu-

---

Calígula, se salvó exaltando la habilidad oratoria del emperador (cf. G. Kennedy, *The Art of Rhetoric*, pp. 443 ss).

34. Sobre esta relación, remito a mi artículo G. Calboli, "Tra corte e Scuola", pp. 32-37.

mento para confrontarlo con la inscripción de Antíoco de Comagene. El *Senatus Consultum de Cn. Pisone patre* ha llenado ya esta laguna, a mi entender, demostrando que Cicerón tenía razón cuando distinguía los dos asianismos y tenía razón Suetonio cuando hablaba del estilo de Tiberio, amante de los *verborum ambitus* de las frases relativas. Opino que se debe creer a Quintiliano, cuando emite un juicio negativo sobre los imitadores del estilo de Séneca.

Por tanto, si aceptamos la opinión de Quintiliano, como creo que se debe hacer, reconoceremos la grandeza del estilo de Séneca, pero también su singularidad personal y su carácter inimitable. El hecho de adaptarse a las más variadas situaciones con un radical ὁμοπαθεῖν era mucho más que las aplicaciones de la *virtus* del πρέπον y de la aceptación de uno de los tres (o cuatro) *genera dicendi*, bajo, medio, alto, según la situación. Pero la ruptura de los esquemas clásicos de la lengua de Cicerón, de César, de Livio y también, si bien en menor medida, de Salustio inducía a un entendido en oratoria como Calígula a definir el estilo de Séneca como *harenam esse sine calce*. Pero, ante todo, este estilo, evidentemente en lo que precisaba de agudeza y de capacidad de adaptación a las situaciones, le resultaba a Quintiliano impracticable para los imitadores. Incluso desde el punto de vista lingüístico, cuando el carácter icónico del signo se convierte en algo demasiado comprometedor, la lengua retorna, debe retornar, a la corrección formular de su estructura arbitraria. Que Quintiliano tuviese razón en lo fundamental queda probado por dos hechos: (1) el clasicismo de Quintiliano triunfó, si bien Séneca dejó huellas que podría pensarse en volverlas a encontrar en Tácito, en su "pointierter Stil" [35], siempre que nosotros no atribuyamos a Séneca la sentenciosidad que era muy anterior al estilo de Séneca y que, silenciando a Menandro y a Terencio, se encontraba a menudo en las declamaciones: y las declamaciones avanzaron ciertamente mucho más allá que las registradas por Séneca el Padre. No es fácil pensar en una influencia directa de Séneca sobre Tácito, aunque se puede pensar, junto a Trillitzsch,

35. Quizá Traina, *Lo stile "drammatico" del filosofo Seneca,* p. 47, tiene razón al criticar negativamente la ausencia de una referencia a Séneca en el libro de B.R. Voß, *Der pontierte Stil des Tacitus,* Aschendorff, Münster, 1980^2, pero deberíamos saber más al respecto para afirmar con seguridad que el "pointierter Stil" de Tácito está relacionado con Séneca. También Plinio tiene numerosas *sententiae*, γνῶμαι, pero resulta muy difícil que un alumno declarado de Quintiliano (Plin. *epist.* 2,14,9) quisiese terminar entre los imitadores de Séneca (v. más arriba, en el texto).

Seneca im literarischen Urteil der Antike, p. 97, en una cierta simpatía por la acción política de Séneca por parte de Tácito. En efecto, también en Plinio el Joven encontramos las *sententiae* que cierran el discurso. Norden ha insistido justamente en ello. Pero es imposible pensar en la influencia de Séneca sobre Plinio, alumno de Quintiliano. No obstante, pienso que, aunque no podemos excluirla con seguridad, resulta difícil de admitir una influencia de Séneca sobre Tácito y sería más prudente pensar en la influencia de aquellos oradores modernos que encuentran su voz en Apro, en el *Diálogo* taciteo. De todos modos, la victoria del Clasicismo de Quintiliano está fuera de dudas. Pero el segundo hecho (2) es más importante. Tras los arcaicistas Frontón (p. 149, 9-151, 2, v. Hout) y Aulo Gelio (12, 2, 1-14)[36], contrarios a Séneca, y Apuleyo, éste, sin embargo, bien alejado del estilo clásico, la prosa romana se agota y permanece viva sobre todo en la gran estación de la lengua jurídica. También el *Senatus Consultum de Cn. Pisone patre* es lengua jurídica. Esto, obviamente, desde un punto de vista literario, ya que todos seguían hablando en el Imperio, y hablaban en prosa. Por ello, la lengua jurídica es la continuadora de la lengua clásica, como la nueva lengua será la de los cristianos. No por casualidad, los más importantes Padres de la Iglesia recuerdan a Séneca y a él se refieren Tertuliano, Lactancio, Jerónimo, Agustín. W. Trillitzsch, *Seneca im literarischen Urteil der Antike*, pp. 362-379, ha recogido sus múltiples testimonios. Así pues, Cicerón y Séneca han marcado dos caminos. Para dar la razón a Quintiliano hasta lo más profundo, podemos decir también que los dos caminos son la vía principal del Clasicismo y la vía no sólo o particularmente senecana de la separación del Clasicismo, del desvío del Clasicismo. Pero el Clasicismo por sí sólo ya no bastará. Será retomado con el culto a Cicerón y a su estilo en cada renacimiento, el tardo-antiguo –pensemos en Casiodoro–, el carolingio –pensemos en Lupo de Ferrières–, el del Humanismo –pensemos en Valla, en Erasmo[37]. Pero por sí solo ya no será suficiente para satisfacer a la cultura latina y neolatina, que tenderá sus ojos, como alternativa, hacia otros autores, en especial, hacia Séneca.

---

36. Cf. W. Trillitzsch, *Seneca im literarischen Urteil der Antike*, pp. 335-338.

37. De la amplia bibliografía al respecto, me limitaré a citar a R.R. Bolgar, *The Classical Heritage*, pp. 270-369, para el Renacimiento y el reciente J.O. Ward, *Ciceronian Rhetoric*, pp. 88-104 para la Edad Media.

III Quintiliano y Horacio

Gualtiero Calboli

La admiración de Quintiliano hacia Horacio y su frecuente recurso a los poemas de éste resultan del todo coherentes con su opinión general acerca de Horacio, que expresó tres veces en la *Institutio oratoria*, en concreto en 1.8.6, 10.1.94 y 10.1.96:

(1) a. Quint. *inst.* 1, 8, 6 *Vtiles tragoediae, alunt el lyrici, si tamen in his non auctores modo, sed etiam partes operis elegeris; nam et Graeci licenter multa et Horatium nolim in quibusdam interpretari.*

"E incluso en Horacio hay pasajes que no me gustaría interpretar en clase." [38]

b. 10, 1, 94 *Ego quantum ab illis* [i. e. *'laudatoribus Lucili'*], *tantum ab Horatio dissentio, qui Lucilium 'fluere lutulentum' et esse aliquid quod tollere possis putat. Nam et eruditio in eo mira et libertas atque inde acerbitas et abunde salis. Multum est tersior ac purus magis Horatius et, nisi labor eius amore, praecipuus.*

"Estoy en desacuerdo con ellos tanto como lo estoy con Horacio, quien considera que el 'estilo turbio' de Lucilio podría evitarse. Pues resultan admirables en esto tanto la erudición, como la libertad, la agudeza y la abundancia de chistes. Mucho más terso y puro e importante es Horacio, a no ser que vea su trabajo condicionado por el afecto que siento hacia su obra."

c. 10, 1, 96 *Iambus non sane a Romanis celebratus est ut proprium opus, quibusdam interpositus: cuius* ***acerbitas*** *in Catullo, Bibaculo,* ***Horatio*** *†quamquam illi epodos interuenit† reperiatur. At* ***lyricorum idem Horatius fere solus legi dignus****: nam et* ***insurgit aliquando et plenus est iucunditatis et gratiae et uarius figuris et uerbis felicissime audax****.*

---

38. Las citas de Quintiliano proceden de la edición de M. Winterbottom, *M. Fabi Quintiliani Institutionis Oratoriae Libri Duodecim*, 2 vol., Oxford, 1970. Las versiones españolas de Horacio son de Vicente Cristóbal (*Odas y epodos*, Madrid, 1985) y Horacio Silvestre (*Sátiras y Epístolas*, Madrid, 1996).

"El yambo no ha sido considerado entre los romanos como forma propia de composición, en algunos lugares aparece usado en combinación: la amargura de este tipo de verso se encuentra en Catulo, Bibáculo, Horacio (aunque en aquél se introducen epodos). Pero, de entre los líricos Horacio resulta ser el único digno de ser leído: pues en algunos momentos se eleva y se muestra lleno alegría y encanto, y resulta variado en los versos, y audaz en las palabras"

Podríamos resumir el juicio y la actitud de Quintiliano hacia Horacio en las siguientes cuatro ideas generales: (1) Quintiliano no sólo manifiesta su acuerdo con la poesía de Horacio, sino que la aprecia en grado sumo y está seguro de que Horacio es superior a Lucilio, aunque no niega el riesgo de cierto favoritismo debido a su amor por la poesía de Horacio (*nisi labor eius amore* 'a no ser que me deje llevar por mi amor hacia su obra', 10, 1, 94). (2) Quintiliano no está especialmente interesado en la poesía lírica (*lyricorum idem Horatius fere solus legi dignus* 'de nuestros poetas líricos es Horacio casi el único que merece leerse', 10, 1, 96) debido a lo licencioso de ese género poético, que lo hacía poco adecuado para la educación de los jóvenes y para su uso en la escuela [39], y era por supuesto la escuela la *raison d'être* de una persona que, como Quintiliano, había perdido a su esposa y a sus hijos y, por lo tanto, había centrado su atención en la educación[40]. Es más, ni siquiera Horacio escapa del todo a las críticas a este respecto (*et Horatium nolim in quibusdam interpretari* 'e incluso en Horacio hay pasajes que no me gustaría explicar en clase', 1, 8, 6) [41]. (3) Aunque Quintiliano cita a Horacio con mucha menos frecuencia que a Cicerón o Virgilio (hay treinta citas de Horacio, frente a 172 de Virgilio y más de 700 de Cicerón [42]), Horacio

39. Baste para confirmar este extremo citar las palabras del propio Quintiliano que siguen al pasaje reproducido al principio (1a): Quint. *inst.* 1,8,6 *Elegia vero, utique qua amat, et hendecasyllabi, qui sunt commata sotadeorum (nam de sotadeis ne praecipiendum quidem est), amoveantur, si fieri potest, si minus, certe ad firmius aetatis robur reserventur* (cf. J. Cousin, Tome I, p. 175). Plinio el joven, que fue alumno de Quintiliano, se excusaba por escribir poesía de ese género y disfrutar de ella (*epist.* 4,14,3 [cf. el Comentario de A. N. Sherwin-White, p. 290]; 5,3,2; 7,4,1).

40. Cf. G. Kennedy, *Quintilian*, pp. 29 ss.; Quint. *inst.* 6 pr.

41. No olvidemos que, según Séneca, a Cicerón, el orador ideal a juicio de Quintiliano, tampoco le gustaba la poesía lírica, aunque no por razones morales explícitas: *Negat Cicero, si duplicetur sibi aetas, habiturum se tempus, quo legat lyricos* (Sen. *epist.* 49,5, trad. I. Roca Meliá, 1986).

42. Cf. el *Index* de la edición de M. Winterbottom, pp. 757, 766-772 y 773-775. Gregorius Hettegger (*Qua ratione M. Fabius Quintilianus in Institutione oratoria laudaverit scriptores*, p. 16)

resulta más citado que Homero, cuyo nombre aparece sólo veintiuna veces en la obra de Quintiliano. Por otro lado, Cicerón y Virgilio son los autores más citados por Quintiliano[43]. De las treinta citas de Horacio, doce aparecen en los libros 8 y 9 de la *Institutio oratoria*, que están dedicados a los tropos y las figuras: seis en la parte sobre los tropos y otras seis en la parte sobre las figuras. La referencia a Virgilio en estos libros es más frecuente[44]. (4) Por último, las opiniones sobre literatura que Quintiliano extrae de Horacio, sobre todo, aunque no exclusivamente, de su *Ars poetica*, son muy reveladoras. Algunas veces Quintiliano manifiesta su desacuerdo con estas opiniones, como en el caso de Lucilio (*inst.* 10,1,94). Quintiliano utiliza a Horacio para el mismo fin para el que recurre a Cicerón, aunque con menos frecuencia, acudiendo a él como una fuente de ideas tanto como de ejemplos.

Consideremos ahora esta citas una por una para evaluar lo que Quintiliano piensa acerca de las ideas de Horacio, que a menudo le influyen profundamente. Así, tenemos un juicio sobre Alceo en el que influyen consideraciones de carácter ético:

(2) Quint. *inst.* 10,1,63 ***Alcaeus*** *in parte operis* ***aureo plectro***[45] *merito donatur, qua tyrannos insectatus multum etiam moribus confert.*

"Alceo es recompensado con la atención de la dorada lira por parte de su obra, con la que ataca a los tiranos"

Parece que Quintiliano tiene ciertas reservas sobre el poeta lírico Alceo, pero el rétor sin embargo aprecia el aspecto ético de la lucha de Alceo con-

---

ofrece un cómputo diferente: al omitir Quint. *inst.* 1,8,6; 8,6,17 (Hor. *carm.* 4,13,12) y 1,5,57 (Hor. *epist.* 2.1.192) presenta sólo veintiocho citas. Por otro lado, Winterbottom no menciona Hor. *sat.* 2,5,41 (Quint. *inst.* 8,6,17 *Iuppiter hibernas cana niue conspuit Alpes*) porque es un verso de Furio Bibáculo (véase más abajo, p. 85), que con razón es recogido por el editor inglés (p. 751) bajo el nombre de Bibáculo. La obra de Hetteger es la obra más importante que reúne y estudia las citas de Quintiliano; véase también la reseña de J. Woehrer, *Zeitschrift für österreichische Gymnasien* 59 (1908) 93 ss.

43. Cf. M. M. Odgers, "Quintilian's use of early literature", pp. 186 ss.

44. Cf. G. Calboli, "Figure retoriche", en *Enciclopedia Virgiliana* 2, 515-520.

45. Cf. Hor. *carm.* 2,13,26-32 *et te sonantem plenius aureo, / Alcaee, plectro dura nauis, / dura fugae mala, dura belli. / Vtrumque* (i. e., Safo y Alceo) *sacro digna silentio / minantur umbrae dicere, sed magis / pugnas et exactos tyrannos / densum umeris bibit aure volgus.* "Y a ti, Alceo, que acompañándote de plectro de oro, proclamas con voz más plena los arriesgados peligros de la navegación, de la huida, de la guerra. Admíranse las sombras ante el recital de ambos, digno de un silencio sagrado; pero la mayoría, apretándose hombro con hombro, bebe con su oído preferentemente las batallas y la expulsión de los tiranos."

tra los tiranos, y con el fin de elogiarlo utiliza la expresión *aureo plectro* ('dorada lira', *carm.* 2,13,26 ss.) para aludir a su enorme mérito[46]. Ya que Quintiliano cita a Alceo sólo aquí, parece que su opinión sobre este poeta procede por completo de Horacio.

Quintiliano muestra un mejor conocimiento de Píndaro, pero también en este caso acepta la opinión de Horacio que, sin embargo, aparece formulada en el extraño contexto de la conocida *recusatio*[47] de *carm.* 4,2, lo que no casa ni con el uso de Píndaro que hace Horacio ni con el gran aprecio que sentía por Píndaro: aunque Horacio escribe en *carmen* 4,2 que nadie puede imitar a Píndaro, el propio Horacio lo imita y lo emula con frecuencia[48].

(3) Quint. *inst.* 10,1,61 *Nouem uero lyricorum* [no olvidemos el canon de los nueve líricos que también nos transmiten otros autores] *longe Pindarus princeps spiritu, magnificentia, sententiis, figuris, beatissima rerum uerborumque copia et uelut quodam eloquentiae flumine: propter quae* ***Horatius eum merito nemini credit inimitabilem***.

"Píndaro uno de los nueve poetas líricos es con mucho el mas grande, por su magnificencia, por sus pensamientos y figuras, por la rica exuberancia de su lenguaje y materia, y su abundancia de elocuencia; por lo que Horacio considera que nadie puede imitarlo."

Quintiliano cita a Píndaro dos veces más:

(4) a. Quint. *inst.* 8,6,71 [Quintiliano está hablando sobre la hipérbole y cita también Cic. *phil.* 2.67 *Quae Charybdis tam vorax? Charibdin dico? Quae si fuit, fuit animal unum. Oceanus, medius fidius*, eqs.] *Exquisitam uero figuram huius rei deprendisse apud* ***principem lyricorum Pindarum*** *uideor in libro quem inscripsit Hymnus* [= Ὕμνους][49]. *Is namque Herculis impetum aduersus Meropas, qui in insula Coo dicuntur habitasse, non igni nec uentis nec mari sed fulmini dicit similem fuisse, ut illa minora, hoc par esset.*

---

46. "Horace's adjective [*aureo*] is [...] highly eulogistic", escriben R. G. M. Nisbet y M. Hubbard en su *Comentario* a Horacio (vol. II, p. 217), recordando que el *plectrum* de Apolo era tradicionalmente dorado (*Hymn Ap.* 185; Pind. *Nem.* 5,24; Eur. *Her.* 351) y que había en Delfos un *plectrum* de oro a él dedicado por los megareos (Plut. *Pyth. orac.* 402a).

47. Sobre esta *recusatio*, cf. W. Wimmel, "Recusatio-Form und Pindarode", pp. 83-103.

48. Para referencias bibliográficas sobre Horacio y Píndaro, cf. W. Kissel, "Horaz 1939-1975", pp. 1449-1451; D. E. Gerber, "Pindar and Bacchylides 1934-1987", pp. 155 ss.

49. Cf. Cousin, Quintilien, *Institution oratoire*, tome V, p. 303.

"¿Qué tan voraz Caribdis? ¿Caribdis digo? ¿La que si existió, fue tan sólo un animal? Océano, [...] Ciertamente una exquisita figura de esto creo que he descubierto en el primero de los líricos, en Píndaro, en un libro que tituló Himnos. Pues éste es el ímpetu de Hércules contra las Meropas, que se dice que habitaban en la isla de Coo, se cuenta que no fue semejante al fuego, ni a los vientos, ni al mar, sino al rayo, que al ser aquello menor, con esto se igualaba."

b. Quint. *inst.* 10, 1, 109 *Marcus Tullius* [...]. *Non enim pluuias,* ***ut ait Pindarus****, aquas colligit, sed uiuo gurgite exundat, dono quodam prouidentiae genitus in quo totas uires suas eloquentia experiretur.*

"Marco Tulio [...] En efecto, no recoge, como dice Píndaro, el agua de lluvia, sino que mana como una fuente viva, engendrado por cierto don de la providencia, con el que probara todas sus fuerzas con la elocuencia"

El ambiente cultural romano estaba suficientemente interesado en la poesía de Píndaro [50], pero en este contexto parece que es la autoridad de Horacio lo que influye especialmente en Quintiliano.

Lucilio es el tercer autor que ha de tomarse en consideración. Sin embargo, en este caso Quintiliano declara explícitamente que no está de acuerdo con el juicio de Horacio tan negativo sobre Lucilio, según el cual sería culpable de *fluere lutulentum* ("estilo turbio") [51].

(5) Quint. *inst.* 10, 1, 93-94 *Satura quidem tota nostra est, in qua primus insignem laudem adeptus Lucilius quosdam ita deditos sibi adhuc habet amatores ut eum non eiusdem modo operis auctoribus sed omnibus poetis praeferre non dubitent. Ego quantum ab illis, tantum* ***ab Horatio dissentio****, qui Lucilium 'fluere lutulentum' et esse aliquid quod tollere possis putat* [Hor. *sat.* 1, 4, 11 *cum flueret lutulentus* (sc. *Lucilius*) *erat quod tollere velles*]. *Nam et eruditio in eo mira et libertas atque inde acerbitas et abunde salis.* ***Multum est tersior ac purus magis Horatius et, nisi labor eius amore, praecipuus***.

50. M. Brozek (*De scriptoribus Latinis*, p. 105 n. 2) nos recuerda que Píndaro ya había sido citado por Petronio junto con los nueve líricos en el *Satiricón* (2, 4) y por Séneca (*nat.* 6, 26, 2), cf. también *epist.* 27,6.

51. P. V. Cova también señala ("La critica letteraria nell'*Istitutio*", p. 52) que la crítica de Horacio sobre Lucilio no deslumbra a Quintiliano e identifica en esta actitud la libertad crítica de Quintiliano. Sobre la técnica de cita utilizada en este pasaje, cf. también G. Carlozzo, "La tecnica della citazione in Quintiliano", p. 49.

"La sátira, en cambio, es toda nuestra, en ella Lucilio consigue una insigne alabanza, así algunos de sus seguidores se lo asignan de tal manera que no dudan en preferirle no sólo a los escritores de la misma materia, sino también a todos los poetas. Yo discrepo cuanto de aquellos, tanto de Horacio, porque se considera que Lucilio tiene un estilo turbio y algo que se puede suprimir. Pues resultan admirables en este asunto tanto la erudición, como la libertad, la agudeza y la abundancia de chistes. Mucho más terso y puro e importante es Horacio a no ser que vea su trabajo condicionado por el afecto que siento hacia su obra."

Así, Quintiliano no acepta ni la opinión de quienes elogiaban a Lucilio en exceso ni la de Horacio, que consideraba a Lucilio *lutulentus*, utilizando en esta formulación una imagen calimaquea, como ha sido señalado por Kiessling-Heinze [52] y, sobre todo, por Cody [53]. A su vez, Rudd [54] ofrece un buen ejemplo del estilo "muddy and prolix" de Lucilio en el más largo de sus fragmentos, acerca de la *uirtus* ('virtud'), que cita Lactancio (*inst.* 6, 5, 2, col. 1326-1338 M): *virtus, Albine, est pretium persolvere verum / quis in versamur quis vivimus rebus potesse* eqs. En este pasaje Lucilio propone una definición de *uirtus* probablemente conocida por Quintiliano debido a la importancia de este poeta, lo que resulta evidente a partir del pasaje (*inst.* 10,1,93 ss.) antes citado [55]. En cualquier caso, Quintiliano cita la definición más corta de *uirtus* que da Horacio (*epist.* 1, 1, 41 *uirtus est uitium fugere*, "la virtud es evitar el vicio") [56] y la utiliza al definir las virtudes de un buen discurso, como con razón señalaron Kießling y Heinze [57]:

(6) a. Quint. *inst.* 9,3,10 *Interim etiam dubitari potest cui uitio simile sit schema, ut in hoc 'uirtus est uitium fugere', aut enim partis orationis mutat ex illo 'uirtus est fuga uitiorum' aut casus ex illo 'uirtutis est uitium fugere', multo tamen hoc utroque excitatius.*

---

52. A. Kießling - R. Heinze, *Q. Horatius Flaccus: Satiren*, p. 71.

53. John V. Cody, *Horace and Callimachean Aesthetics*, pp. 25-27.

54. N. Rudd, *The Satires of Horace*, pp. 98-100.

55. Cf. F. Marx, *C. Lucilii Carminum Reliquiae*, II, pp. 425-427.

56. Sobre el tema de la *uirtus* y el valor que Horacio concede al concepto y sobre la relación entre las tradiciones griegas y romanas a las que recurre Horacio en su visión de la *uirtus*, cf. K. Büchner, "Altrömische und Horazische Virtus", pp. 386-401.

57. A. Kießling - R. Heinze, *Q. Horatius Flaccus: Briefe*, p. 10.

"Entretanto, aún se podría dudar de que exista una figura semejante al vicio, que en ésta: '*uirtus est uitium fugere*', o se cambia parte de la oración: '*uirtus est fuga uitiorum*' o el caso '*uirtutis est uitium fugere*', sin embargo, esto es más efectivo que aquello otro."

b. Quint. *inst.* 8,3,41 ... *dicturus quibus ornetur ratio, prius ea quae sunt huic laudi contraria attingam: nam prima uirtus est uitio carere.*

" ... Se ha de decir de qué manera se adorna, antes de esto he de alcanzar las que son sus contrarias: pues la primera virtud es evitar el vicio".

Y todavía con mayor claridad Quintiliano muestra que prefería a Horacio sobre el prolijo Lucilio en un punto particularmente importante:

(7) Quint. *inst.* 5,11,20 *et* ***Horatius*** *ne in poemate quidem humilem generis huius usum* ***putauit*** *in illis uersibus*:

'quod dixit uulpes aegroto cauta leoni' [Hor. *epist.* 1,1,73][58]

"Horacio tampoco pensó utilizar en los poemas rasgos del género humilde:

'lo que dijo una vez la astuta zorra al león enfermo'."

Este pasaje es importante porque Quintiliano recurre en él a la autoridad de Horacio y porque Quintiliano confiere a la cita de Horacio estructura hexamétrica. Horacio escribe: *olim quod uulpes aegroto cauta leoni / respondit* (*epist.* 1,1,73-74). Me parece poco probable que Quintiliano adaptara esta cita para la *Institutio oratoria*, la cual fue compuesta en el curso de poco más de dos años, según atestigua el propio Quintiliano[59]. En mi opinión, esto demuestra que Quintiliano usaba habitualmente versos de Horacio a los que había sometido a ligeras modificaciones. Cole[60] apunta que "here for the first time, the substituted word is not a metrical equivalent of the one it replaces".

---

58. El rétor está presentando las *fabellae* ('cuentos, relatos') que fueron utilizados por primera vez por Esopo y también, en Roma, por Menenio Agripa.

59. Quint. *epist. Tryph.* 1 y M. M. Odgers, *Quintilian's use of early literature*, p. 182. La fecha de composición de la *Institutio oratoria* se sitúa entre el 86 y el 96 d. C. y quizá no pueda determinarse con mayor precisión (cf. J. Adamietz, "Quintilian's *Institutio oratoria*", pp. 2245-2249), aunque no es éste el lugar para tratar el asunto.

60. C. N. Cole, "Quintilian's quotations from the Latin poets", pp. 48 ss.

La misma *fabella* ('cuento') aparecía en Lucilio (*quid sibi uult, quare fit, ut introuersus et ad te / spectent atque ferant uestigia se omnia prosus?*, "¿Qué quiere decir esto? ¿Por qué todos miran hacia adentro y se dirigen todos los pasos hacia ti?", 988 ss. M; cf. Porphyr. *ad Hor. epist.* 1,1,74). También aquí Quintiliano prefiere, y con razón, a Horacio antes que al prolijo Lucilio.

En otro caso más, aun teniendo a su disposición tanto a Lucilio como a Horacio, Quintiliano vuelve a preferir a Horacio. En la *Ars poetica* 358 y ss. leemos: *et idem / indignor quandoque bonus dormitat Homerus* ("e igualmente me indigno cuando el bueno de Homero dormita")[61]. Estas palabras muestran que incluso un poeta tan excelente como Homero, en contraposición a un poeta tan malo como Quérilo, comete errores, aunque escasos y muy excepcionales. Brink[62] indica que la idea de que Homero cometía errores de vez en cuando ya había sido formulada por Lucilio:

(8) Lucil. 345-347 M. *quapropter dico – nemo qui culpat Homerum*
perpetuo culpat, neque quod dixi ante poesin;
uersum unum culpat, uerbum, enthymema, locumue.

"Por lo cual afirmo: Nadie que critica a Homero, lo critica en toda su obra, la cual acabo de llamar poesía; no critica nada más que un verso, una palabra, un pensamiento aislado."

Y el verbo que usa Quintiliano al referirse a Horacio es *dormitare*[63]:

(9) Quint. *inst.* 10, 1, 24 *cum Ciceroni*[64] ***dormitare*** *interim Demosthenis,* ***Horatio*** *uero etiam* ***Homerus ipse uideatur***.

"Cicerón piensa que Demóstenes dormita algunas veces, Horacio se cree que dice lo mismo de Homero"

Es cierto que la idea que Quintiliano quería expresar, a saber, que incluso los mejores autores como Demóstenes y Homero a veces cometen errores había recibido expresión más precisa por parte de Horacio que de

61. Cf. G. Calboli, "Horace et la rhétorique des σχήματα", pp. 289-298.

62. C. O. Brink, *Horace on Poetry. The 'Ars poetica'*, p. 368.

63. El uso del verbo *dormitare* es muy reducido, cf. *Th.L.L.* V 1, 2035, 83-2036, 9 (Lackenbacher). Aparece aquí (Horacio, Quintiliano), en Don. *Ter. Eun.* praef. 1.5, y en otros autores tardíos (Jerónimo, Rufino, Eugenio, Gregorio Magno).

64. Cf. Plut. *Cic.* 24 ἐνιαχοῦ τῶν λόγων ἀπονυστάζειν τὸν Δημοσθένη "en algunas partes de sus discursos Demóstenes dormita".

Lucilio, pero también Lucilio formuló la idea de que en Homero había algunos errores. Sin embargo, Quintiliano utiliza a Horacio y no a Lucilio, al que ni siquiera cita.

Otra opinión literaria muy importante aparece en el tratamiento del significado exacto del término *facetus*:

(10) Quint. *inst.* 6, 3, 20 *Facetum quoque non tantum circa ridicula opinor consistere; neque enim* ***diceret Horatius facetum carminis genus natura concessum esse Vergilio****. Decoris hanc magis et excultae cuiusdam elegantiae appellationem puto. Ideoque in epistulis* [*epist. frg.* XVII.2] *Cicero haec Bruti refert uerba: 'ne illi sunt pedes faceti ac* †*deliciis ingredienti mollius'*†. *Quod conuenit cum illo* ***Horatiano****:*
'molle atque facetum Vergilio [Hor. *sat.* 1,10,44-45]

"También considero que no se aplica *facetum* tan sólo a una cosa; en efecto, no dice Horacio que Virgilio fue agraciado por la naturaleza para hacer versos. Considero que se apela más a cierta elegancia y belleza. Cicerón se refiere con estas palabras a Bruto en las epístolas. Esto se encuentra en Horacio: 'ternura y encanto dieron a Virgilio'." [65]

Quintiliano cree que *facetum* (traducido normalmente como 'ingenioso' o 'elegante' es superior a *ridiculum* ('divertido') basándose en el hecho de que Horacio adscribe *facetum* a Virgilio y deriva de ésta una definición de *facetum*: *Decoris hoc magis et excultae cuiusdam elegantiae appellationem puto* ("Considero que se apela más a cierta elegancia y belleza." 6, 3, 2). Además, teniendo en cuenta que a Virgilio se le dio *facetum carminis genus* por naturaleza, Quintiliano ofrece la correcta interpretación de la palabra de Horacio *Camenae*: *molle atque facetum / Vergilio adnuerunt gaudentes rure Camenae* ("ternura y encanto dieron a Virgilio las Camenas, amantes del campo" *Sat.* 1, 20, 44 ss.). Esta cuestión ha sido discutida por muchos eruditos. C. N. Jackson [66] sostiene que la expresión *molle atque facetum* hace referencia al estilo ático del círculo de Polión. Mientras que M. B. Ogle [67] no

65. H. E. Butler, *Quintilian* Vol II (Cambridge, Mass.-London 1963) 448s. lee y traduce *ne illi sunt pedes faceti ac delicatius ingredienti molles.*

66. C. N. Jackson, "Molle atque facetum", p. 117s.

está de acuerdo con esta explicación y observa que *molle* está más cerca del asianismo que del aticismo por la suavidad de este estilo y porque en Virgilio debería pensarse que significan "ternura femenina" o, simplemente, "feminidad" en el mejor sentido, para creer que Horacio se refería a este rasgo conspicuamente característico del *candidus animus* que él tanto amaba". Según Fabio Cupaiuolo[68], el mejor comentario sobre este pasaje de Horacio lo proporciona Quintiliano, sobre todo en la conclusión: *Decoris hanc magis et excultae cuiusdam elegantiae appelationem puto* [ver 10]. También resulta destacable el comentario de Cousin[69], que en las palabras de *Brutus* que preceden a este pasaje que estamos tratando, el término *molle* "concerne plutôt la grâce et *facetum* l'élégance de bon goût". En realidad, la palabra *mollis* la emplea Virgilio muchas veces sobre todo en *Eclogae* (2, 50; 3, 45; 4, 28; 5, 31; 5, 38; 7, 45; 8, 64; 10, 42). Por lo tanto, observamos que Quintiliano toma de Horacio una idea importante para demostrar que *facetum* envuelve más que una risa. Por mi parte, yo tan sólo quiero señalar el significado de este juicio literario hecho por Horacio a cerca de Virgilio, el poeta a quien Quintiliano más estimó. Comentamos ahora otro ejemplo de la importancia y peso de las citas procedentes de Horacio, concretamente una que se refiere a Virgilio, el Homero romano. Que Virgilio era, según la opinión de Quintiliano, el equivalente latino a Homero, está incontrovertiblemente demostrado por las palabras del propio rétor:

(11) Quint. *inst.* 10,1,85 *Itaque ut apud illos* [sc. *Graecos*] *Homerus, sic apud nos Vergilius auspicatissimum dederit exordium, omnium eius generis poetarum Graecorum nostrorumque haud dubie proximus.*

"y así como entre aquellos [los griegos] Homero, del mismo modo entre nosotros Virgilio se erige como el más auspicioso comienzo. El más próximo, sin lugar a dudas de todos los poetas griegos y de los nuestros."

Por otro lado, Quintiliano consideraba a Homero el mejor de todos los poetas: *inst.* 10,1,65 *post Homerum tamen, quem ut Achillem semper excipi pars est.* "Después Homero, a quien, como a Aquiles, siempre está más allá

67. M. B. Ogle, "Molle atque facetum", p. 327-32.
68. Fabio Cupaiuolo, *Tra poesia e poetica*, p. 67 n. 38.
69. J. Cousin, *Quintilien, Institution Oratoire*, tome IV, p. 197.

de toda comparación" [70].

Otra interesante referencia, si no un juicio en realidad, se encuentra en Quintiliano, *inst.* 8,6,17, donde una de las metáforas de Horacio se critica por ser demasiado dura:

(12) Quint. *inst.* 8, 6, 17 *Sunt et durae, id est a longinqua similitudine ductae, ut 'capitis niues'* [Hor. *carm.* 4,13,12]. "Son también duras, esto es, conducidas a partir de una similitud remota, como 'las nieves de la cabeza'"

Poco después de este pasaje, Quintiliano presenta otro ejemplo de metáfora defectuosa en un verso de Furio Bibáculo que el propio Horacio había criticado en *Sátiras* 2,5,39-41 mediante una parodia. Que Furio Bibáculo era el autor del verso en cuestión lo señalan el pseudo-Acrón y Porfirión en sus comentarios sobre este pasaje de Horacio:

(13) a. Quint. *inst.* 8,6,17 ... ***'capitis niues'*** *et 'Iuppiter hibernas cana niue conspuit Alpes'* (fr. 15 Morel). "Las nieves de la cabeza" y "Júpiter vomitó el invierno alpino con cana nieve"

b. Hor. *sat.* 2,5,39-41 *persta atque obdura, seu rubra canicula findet*
infantis statuas, seu pingui tentus omaso
Furius hibernas ***cana nive*** *conspuet Alpis.*

'Manténte firme y resiste, tanto si la roja canícula parte mudas estatuas, como si hinchado de pingüe molleja Furio escupe sobre los invernales Alpes cana nieve.'"

Ps. Acron: *Furius Vivaculus in pragmatia belli Gallici: 'Iuppiter hibernas cana nive conspuit Alpes'. Furius poeta immanis ventris, qui nivem spumas Iovis dicit. ideo hoc eius personae dedit* [sc. Horatius], *tamquam ipse spuat.* "Furio Viváculo en su obra sobre la guerra de las Galias: 'Júpiter vomitó el invierno alpino con blanca nieve' Furio era un poeta de enorme barriga que llamó nieve a las babas de Júpiter. Por eso éste dio esta expresión a su personaje, porque él mismo babea."

Porph: *hic versus Furii Bivaculi est. Ille enim cum vellet Alpes nivibus*

70. Cf. J. Cousin, *Quintilien, Institution Oratoire,* tome VI, p. 305: Aquiles ya había sido excluido por Homero, *Il.* 2,673-674 Νιρεύς, ὃς κάλλιστος ἀνὴρ ὑπὸ Ἴλιον ἦλθε / τῶν ἄλλων Δαναῶν μετ' ἀμύμονα Πηλείωνα. ("Nireo, el varón más hermoso de los que a Ilio vinieron/ de todos los Dánaos, sólo tras el sin tacha Aquileo", trad. García Calvo, A., Madrid, 1995).

plenas describere, ait: 'Iuppiter hibernas eqs.' Ergo tumidum est et κακόζιλον (= κακόζηλον). "Este es un verso de Furio Bibáculo. En efecto, él cuando quería describir los Alpes llenos de nieve, decía: ' Júpiter ...' Luego además de hinchado también es 'mal poeta'."

Lieberg[71] ha prestado atención recientemente a este particular al recordar que, como ya habían señalado otros estudiosos, la expresión *pingui tentus omaso* demuestra la hinchazón estilística de Furio Bibáculo. Quintiliano menciona el nombre de Bibáculo sólo una vez:

(14) Quint. *inst.* 10,1,96 *Iambus non sane a Romanis celebratus est ut proprium opus, †quibusdam interpositus†: cuius* ***acerbitas*** *in Catullo, Bibaculo,* ***Horatio*** *(quamquam illi* ***epodos*** *interuenit) reperiatur. At lyricorum idem Horatius fere solus legi dignus.*

"El yambo no ha sido considerado entre los romanos como forma propia de composición, en algunos lugares aparece usado en combinación: la amargura de este tipo de verso se encuentra en Catulo, Bibáculo, Horacio (aunque en aquel se introducen epodos). Pero, de entre los líricos Horacio resulta ser el único digno de ser leído"

Es evidente que Quintiliano tiene prejuicios hacia un poeta lírico como Bibáculo. Incluso Catulo, que aparece anónimamente citado en *inst.* 9,4,41, por su nombre en 9,3,16 y como *aliquis poetarum* ('uno de los poetas') en 11,1,38, no recibe un tratamiento especialmente favorable por parte de Quintiliano. Es más, Quintiliano emite un juicio desfavorable acerca de las críticas de Catulo hacia César:

(15) Quint. *inst.* 11,1,38 *Negat se magni facere aliquis poetarum utrum Caesar ater an albus homo sit* [Catull. 93]*: insania.*

"Uno de los poetas se niega a preguntar si César era un hombre blanco o negro [Catull. 93]: es una locura"

Tácito repite el juicio de Quintiliano (Tac. *Ann.* 6, 34 *carmina Bibaculi et Catulli referta contumeliis Caesarum leguntur* "los poemas de Bibáculo y de

71. G. Lieberg, *Poeta Creator*, p. 63 ss.

Catulo, aunque repletos de insultos contra César, aún se leen") y se cree que ése fue discípulo de Quintiliano[72]. En cuanto a la actitud de Quintiliano respecto a Catulo, Gagliardi[73] afirma que Quintiliano sintió una fuerte antipatía hacia Catulo, lo cual considero que es cierto. McDermott[74] considera que esto es consecuencia de la antipatía entre Catulo y Cicerón, que surge con el ataque de Catulo a Cicerón en el *Carmen* 49. Sin embargo, yo no acepto la adscripción de la antipatía de Quintiliano hacia Catulo tan sólo al *carmen* 49, como propone Gagliardi. Creo que debemos tener en cuenta la mutua antipatía entre Catulo y Cicerón, reforzada por la antipatía de Cicerón a la poesía lírica, y, en mi opinión, ésta, combinada con el recelo hacia la poesía lírica que Quintiliano compartió con Cicerón, y el ataque de Catulo a Cicerón, el orador perfecto para Quintiliano, pudo alimentar la aversión hacia Catulo en la mente de Quintiliano[75]. Por otra parte, Quintiliano, al criticar a Horacio *Carmen* 4.13.12 [nº. 11], ignora el hecho de que Horacio también se burla de Bibáculo con la misma tosca metáfora descrita por el propio Quintiliano. Algunas veces Quintiliano tiene otras razones para censurar a Horacio, como en el *Carmen* 4.13, donde el poeta, al describir el prematuro envejecimiento de Lice, insiste en presentarla *luridi dentes* (dientes amarillos), *rugae* (arrugas), *capitis nives* (canas) creando así una desagradable impresión, a la que Quintiliano se opuso por el carácter pedagógico que perseguía. Los prejuicios morales de Quintiliano contra la poesía lírica y su aspecto yámbico y agresivo pesan más que su amor a Horacio. Sin embar-

72. E. g. de Otto Seel, *Quintilian*, p. 19s.

73. D. Gagliardi, "Il giudizio di Quintiliano su Catullo", pp. 35-39.

74. W. C. McDermott, "Quintilian and Catullus", p. 338.

75. Según Gagliardi, el ataque de Catulo a Cicerón en el *Carmen* 49 se confirma en la ironía que la crítica y el propio Gagliardi reconocen en expresiones como *disertissime Romuli nepotum,* [...] *Catullus* / [...] *tanto pessimus omnium poeta, quanto tu optimus omnium patronus* ("el más elocuente de los desccendietes de Rómulo, [...] Catulo, [...] el peor de todos los poetas, como tú el mejor de todos los abogados") Aquí Gagliardi (p. 39 n. 1) incluso mantiene que la palabra *patronus* se utiliza despectivamente, pero yo no estoy de acuerdo con él, porque la *turba patronum* (Cic. *Brut.* 332) que Gagliardi cita para confirmar la depreciación de la palabra *patronus* por Cicerón, no sólo es ya una simple palabra en la concepción de la oratoria de Cicerón y contrasta con otras apreciaciones ciceronianas de esta palabra, como ha señalado W. Neuhauser, *Patronus und Orator*, p. 190, y como aparece en pasajes tales como Cic. *Brut.* 319: *cum igitur essem in plurimis causis et in principibus patronis quinquennium fere versatus*, sino que simplemente indica los muchos oradores presentados en el *Brutus* y que estuvieron en activo antes de la llegada a escena de tan refinado y cultivado orador como lo era Cicerón. Para la interpretación del *Carmen* 49 de Catulo ver la bibliografía de F. Della Corte, *Catullo, Le Poesie*, p. 276.

go, es interesante que la opinión de Quintiliano sobre Furio Bibáculo (frg. 15 Morel) sea, en realidad, la misma que la de Horacio. Ahora necesitamos tener en cuenta los preceptos de Horacio que acepta Quintiliano, y al hacerlo, pronto nos daremos cuenta de la importancia de esos preceptos.

El primero es que resulta necesario evitar la combinación de elementos opuestos. Quintiliano se está ocupando del tropo de σαρδισμός, si aceptamos la reconstrucción del término que encontramos en las ediciones modernas[76] y, para describir la clase de fealdad resultante de la combinación de diferentes cosas que deberían ser evitadas, él cita el comienzo de *Ars Poetica* de Horacio (que es el nombre que Quintiliano le da a esta obra de Horacio en *Epist. ad Tryph.* 2):

(16) Quint. *inst.* 8, 3, 59-60 Σαρδισμός *quoque appellatur quaedam mixta ex uaria ratione linguarum oratio, ut si Atticis Dorica et Aeolica et Iadica confundas. Cui simile uitium est apud nos si quis sublimia humilibus, uetera nouis, poetica uulgaribus misceat –id enim tale monstrum* ***quale Horatius in prima parte libri de arte poetica fingit:***

'humano capiti ceruicem pictor equinam
iungere si uelit' (Hor. *ars* 1-2)

et cetera ex diuersis naturis subiciat.

"Σαρδισμός también se denomina a cierto discurso que mezcla varias lenguas, como si se confundieran ático, dórico, eólico y jónico. Entre nosotros existe un error semejante cuando lo sublime mezclamos con lo humilde, lo antiguo con lo nuevo, lo poético con lo vulgar. Esto es tal monstruo cual dibuja Horacio en la primera parte de su *arte poetica*:

'A cabeza humana si un pintor quisiera unir cerviz equina'."

Brink[77] señala que tales peligrosas combinaciones eran comunes en las artes clásicas, y que en ningún caso Quintiliano las condena.

Mucho más importante es la cita por parte de Quintiliano de los bien conocidos versos *brevis esse laboro, / obscurus fio* (me esfuerzo por ser breve, soy poco claro, *Ars Poetica* 25ss.), incluso, aunque él sólo cita este pasaje (*inst.* 9, 3, 65) como ejemplo de *transitus ad diversa ut similia* (el paso a una cosa diferente como si fuera semejante, *inst.* 9, 3, 65):

76. Cf. J. Cousin, *Quintilien, Institution Oratoire*, Tome V, pp. 285s.
77. C. O. Brink, *Horace on Poetry, The 'Ars Poetica'*, p. 85.

(17) Quint. *inst.* 9,3,65 *Huic diversam volunt esse distinctionem, cui dant nomen* παραδιαστολήν, *qua similia discernuntur: 'cum te pro astuto sapientem appelles' [...] Quod totum pendet ex finitione, ideoque an figura sit dubito. Cui contraria est ea qua fit ex vicino transitus ad diversa ut similia: 'brevis esse laboro, / obscurus fio'* [Hor. *ars* 25-26] *et quae sequuntur.*[78]

"Esta figura pretenden que sea distinta a la distinción, a la que dan el nombre de παραδιαστολή, con la que se separan las cosas semejantes: 'cuando te llamas sabio en lugar de astuto' [...]. Esto depende por completo de la definición, por ello dudo de que sea una figura. Lo contrario a esto se da cuando se pasa de lo distinto a lo parecido como si fuera semejante: trabajo por ser breve/ soy poco claro' y lo que sigue "

Ésta ni es una cita común ni carece de importancia, porque el ciceronianismo de Quintiliano y de su alumno, Plinio[79] sugiere una reacción contra la *brevitas* (brevedad) y el *acutum dicendi genus* (estilo agudo), lo cual está más cerca del aticismo que de Cicerón[80]. Por esto, la autoridad de Horacio confirma la posición estilística de Quintiliano. Por otra parte, el pasaje de Horacio tiene un precedente en Cicerón, según ha señalado Moretti[81]: *hoc video, dum breviter voluerim dicere, dictum a me esse paulo obscurius* ("de esto me doy cuenta, mientras quiera hablar de forma breve, lo dicho por mí se convierte en algo difícil de entender", *de orat.* 1, 187)[82]. Del *Ars Poetica* 63ss. proviene la μετωνυμία ("metonimia") de Neptuno para indicar el mar:

(18) Quint. *inst.* 8,6,23 *receptus/ terra Neptunus classes aquilonibus arcet* [Hor. *ars* 63s.].

"Si Neptuno, recibido en tierra, protege de Aquilones a flotas."

---

78. Cf. J. Cousin, *Quintilien, Institution Oratoire*, Tome V, p. 220, y G. Kowalski, "Ad Figurae παραδιαστολῆς Historiam", pp. 169-180.

79. Que Plinio fue alumno de Quintiliano lo confirma el propio Plinio: *ex Quintiliano, praeceptore meo* [aquí está hablando Plinio] *audisse memini* ("De Quintiliano, mi profesor, recuerdo haber oído", *epist.* 2,14,9). Además Plinio es el único autor, que nosotros sepamos, que declaró abiertamente que él fue discípulo de Quintiliano.

80. Como muy acertadamente ha señalado G. Moretti, *Acutum dicendi genus*, p. 52-59; 103-112.

81. G. Moretti, *Acutum dicendi genus*, p. 108.

82. Traducido por Gaos Schmidt, A., *Acerca del orador*, México, 1995.

La frecuente concurrencia de esta metonimia ha sido señalada por Brink[83]. Más interesante es otra cita de Horacio:

(19) Quint. *inst.* 8,3,18-20 (Quintiliano está afirmando que una situación, el sonido y el significado de las palabras que solían describirlo deberían tener correspondencia) *Vt autem in oratione nitida notabile humilius verbum et velut macula, ita a sermone tenui sublime nitidumque discordat fitque corruptum, quia in plano tumet* [...]. *At Vergili miramur illud 'saepe exiguus mus'* [Verg. *Georg.* 1,181]. *Nam epitheton 'exiguus' aptum <et> proprium effecit ne plus expectaremus, et casus singularis magis decuit, et clausula ipsa unius syllabae non usitata addidit gratiam.* ***Imitatus est itaque utrumque Horatius***: *'nascetur ridiculus mus'* [Hor. *ars* 139].

"En cambio, la palabra más sencilla en un discurso elevado, nítido y sin mancha así desentona y se convierte en corrupto, porque lo entumece [...]. Pero sentimos admiración por aquello de Virgilio 'a menudo un pequeño ratón'. Porque el epíteto 'exiguo' muestra lo apropiado y lo propio, de modo que no buscamos más, le convino más, de otro lado, un caso singular y colocó un monosílabo no utilizado con gracia. Y así una y otra cosa fueron imitadas por Horacio: 'una montaña estaba de parto, y nació un pequeño ratón'."

Brink[84] considera el origen de este proverbio que se encuentra en el *Corpus Paroemiographorum Graecorum* I 378.4; II 739.4[85]: ὤδινεν ὄρος, εἶτα μῦν ἀπέτεκεν ("una montaña estaba de parto, y nació un pequeño ratón"). Similar significado se puede encontrar en Luciano (*Conscr. Hist.* 23). Este paralelismo ha sido señalado por Otto Immisch[86], y yo no acepto la injustificada argucia presentada por Brink contra lo que Immisch dice sobre el tema. Según la opinión de Quintiliano, Horacio imita a Virgilio al aplicar la brevedad de la palabra (*mus* "ratón") a la pequeña criatura sobre la que él está hablando, y también utilizando un monosílabo al final de un verso[87].

---

83. C. O. Brink, *Horace on Poetry, The 'Ars Poetica'*, p. 152.
84. C. O. Brink, *Horace on Poetry, The 'Ars Poetica'*, p. 215.
85. *Corpus Paroemiographorum Graecorum*, Göttingen 1839-1851 - Hildesheim 1965.
86. O. Immish, *Horazens Epistel über die Dichtkunst*, p. 25.
87. Sobre esta cuestión cf. J. Hellegouarc'h, *Le monosyllabe*, p. 64, incluso aunque presente una interpretación poco precisa de pasaje de Quintiliano.

Servio en el comentario a Virgilio, *Aen.* 8,83 *conspicitur sus* ("había visto un cerdo"), no se equivoca la señalar que hay un error *monosyllabo finiri versum* ("por concluir un verso con un monosílabo"), excepto en un caso como la discusión sobre los animales pequeños en Horacio, *Ars Poetica* 139. Probablemente, Horacio es citado en este caso para establecer una regla métrica, pero cabe la duda de si él estaba aplicando alguna regla semejante. Incluso más interesante es la cita en Quintiliano de otro pasaje del *Ars Poetica*:

(20) Quint. *inst.* 1,5,1-2 *emendate loquendi regulam, quae grammatices prior pars est, examinet. Haec exigitur uerbis aut singulis aut pluribus. Verba nunc generaliter accipi uolo: nam duplex eorum intellectus est, alter qui omnia per quae sermo nectitur significat, ut* ***apud Horatium****: 'uerbaque prouisam rem non inuita sequentur'* [Hor. *ars* 311].

"examino la regla para corregir un discurso, lo que es la primera parte de la gramática. Esto se exige en palabras singulares y plurales. Ahora quiero que se estudien las palabras de manera general: tienen dos significados, uno recuerda todas las partes por las que el discurso se compone, como dice Horacio: 'y las palabras seguirán no forzadas al tema provisto'."

Lo que está claro en Horacio es la referencia a la máxima *Rem tene, verba sequentur* ("cuando tienes un tema, las palabras le siguen" fr. 15 Jordan). Brink [88] presenta la hipótesis de que este es una clase de proverbio griego, porque se encuentra una idea similar en un pasaje de Dionisio de Halicarnaso: τούτου δὲ αἴτιον, ὅτι οὐ τοῖς ὀνόμασι δουλεύει τὰ πράγματα παρ' αὐτῷ, τοῖς πράγμασιν ἀκολουθεῖ τὰ ὀνόματα ("la razón ... es que no hace su tema esclavo de las palabras, pero trata de que las palabras le den forma al tema" Lys. I, p. 13, 7ss. U.-R.) [89]. Sin embargo, yo soy de la opinión de que Dionisio de Halicarnaso se podría haber topado con la máxima de Catón en Roma y en el ambiente ciceroniano de Elio Tuberón [90]. Pero para el argumento de este artículo debemos preguntarnos por qué Quintiliano cita con

88. C. O. Brink, *Horace on Poetry, The 'Ars poetica'*, p. 339s.

89. Traducido por S. Usher, *Dionysius of Halicarnassus: The Critical Essays* I, Cambridge, Mass.-London 1974, 29.

90. Cf. G. Calboli, *Catonis Oratio pro Rhodiensibus*, p. 25.

más frecuencia a Horacio en lugar de a Catón. Quintiliano cita a Catón veinte veces, pero considera al Censor un escritor duro y arcaico desde el punto de vista estilístico. Escribe, por ejemplo:

(21) Quint. *inst.* 2,6,21 *Duo autem genera maxime cauenda pueris puto: unum, ne quis eos antiquitatis nimius admirator in Gracchorum Catonisque et aliorum similium lectione durescere uelit; fient enim horridi atque ieiuni: nam neque uim eorum adhuc intellectu consequentur et elocutione, quae tum sine dubio erat optima, sed nostris temporibus aliena est, contenti, quod est pessimum, similes sibi magnis uiris uidebuntur.* (cf. 12,10,45)

"Considero que hay dos asuntos en los que han de tener cuidado los jóvenes: el primero, que quien es admirador de la antigüedad no debería endurecerse en una lección sobre los griegos, Catón u otros semejantes, pues todavía la fuerza de éstos no es recibida con su capacidad de comprensión y entendimiento, la cual, sin lugar a dudas era muy buena, pero en nuestros tiempos es extraña, y nos parecerá, lo cual es lo peor, que aquellos tienen alguna relación con grandes hombres."

No olvida Quintiliano el epigrama sobre Salustio que está estigmatizado como el del imitador de Catón o incluso como el del ladrón de Catón:

(22) Quint. *inst.* 8,3,29-30 *Nec minus noto Sallustius epigrammate incessitur:*

'Et uerba antiqui multum furate Catonis,
Crispe, Iugurthinae conditor historiae'. [91]

"No menos conocido el epigrama de crítica a Salustio:

'Te apropias de las palabras del viejo Catón, Crispo, fundador de la historia de Jugurta'."

A pesar de las confusas observaciones de Seel [92] sobre la actitud de Quintiliano hacia el arcaísmo en general y hacia Salustio en particular, está fuera de toda duda que Quintiliano desaprobaba por completo el uso de

91. De hecho la crítica de Quintiliano está relacionada con el uso de palabras arcaicas, como acertadamente ha señalado J. Cousin, *Institution oratoire*, Tome V, p. 68: "parce que celui qui est passionné pour les archaïsmes n'adaptera pas les mots aux idées".

92. O. Seel, *Quintilian*, pp. 96-113.

arcaísmos, y el estilo arcaico de Catón, lo cual explica que él prefiera a Horacio antes que a Catón. En este aspecto Seel acierta afirmando[93] que Quintiliano es "mehr fast noch als 'Ciceronianer', zugleich überzeugter Horatianer". Además Catón es tan sólo, según la opinión de Quintiliano, el autor más admirado por los arcaístas, e incluso por esos arcaístas a los que les desagrada y atacan a su ideal, Cicerón. Este punto de vista está claramente expresado en Quintiliano: *Quo modo potest probare Ciceronem, qui nihil putet ex Catone Gracchisque mutandum?* (¿De qué modo se puede dar la aprobación a Cicerón, aunque se considere que nada puede cambiarse de Catón y de los griegos? *inst.* 8,5,33). Confirma esto el peculiar hecho de que Catón no está incluido en la lista de los oradores romanos que escribe Quintiliano (*inst.* 10,1,105-122). Sin embargo, esto no significa que Quintiliano olvide el significado político, humano y retórico de Catón. Es suficiente tener en cuenta:

(23) a. Quint. *inst.* 12,1,1 *Sit ergo nobis orator quem constituimus is, qui a M. Catone finitur 'vir bonus dicendi peritus'.*

"Luego, el orador al que formamos, que sea éste que es definido por M. Catón: 'un hombre bueno experto en hablar'."

b. 12,3,9. *Verum et M. Cato cum in dicendo praestantissimus, tum iuris fuit peritissimus.*

"En efecto, M. Catón fue el más gran orador y el mejor conocedor de derecho."

c. 12,10,39 *non Scipio, Laelius, Cato in loquendo velut Attici Romanorum fuerunt?*

"¿No fueron Escipión, Lelio, Catón en la ciencia de hablar como los oradores áticos de Roma?"

d. 12,11,23 *M. igitur Cato, idem summus imperator, idem sapiens, idem orator, idem historicus conditor, idem iuris, idem rerum rusticarum peritissimus fuit.*

"Así pues, M. Catón fue el más grande general, sabio, orador, fundador de la historia, el mejor conocedor de la agricultura y de derecho."

93. Otto Seel, *Quintilian*, p. 108.

También ésta es la opinión del propio Cicerón[94]. Parece tanto más que, en el último libro, Quintiliano intenta suavizar la polémica sobre el estilo de Catón pero, mucho antes del libro doce –en el libro uno–, él ya ha mostrado su preferencia por Horacio frente a Catón. En este punto deberíamos preguntarnos por qué Quintiliano, a quien le desagradan el arcaísmo y los autores arcaicos, expresa algunas reservas a cerca de la censura de Lucilio. La respuesta puede ser simple: después de decir *satura nostra est* resultaría completamente extraño que denigrara a su εὑρητής ("fundador") Lucilio.

Ya no me queda espacio para hacer referencia a todas las demás citas de Horacio en Quintiliano[95], y desearía tan sólo llamar la atención sobre la alegoría del barco (Hor. *carm.* 1.14):

(24) Quint. *inst.* 8,6,44 *Allegoria, quam inuersionem interpretantur, aut aliud uerbis, aliud sensu ostendit, aut etiam interim contrarium. Prius fit genus plerumque continuatis tralationibus, ut*

O nauis, referent in mare te noui

fluctus: o quid agis? Fortiter occupa

portum[96]

***totusque ille Horati locus**, quo nauem pro re publica, fluctus et tempestates pro bellis ciuilibus, portum pro pace atque concordia dicit.*

"La alegoría, la que se denomina inversión, muestra algo con las palabras y otra cosa con el sentido, o a veces lo contrario. Lo primero se hace con un número continuado de metáforas, como

O nave, nuevas olas te volverán del mar: ¿qué haces? Aférrate al puerto con energía."

---

94. Cf. Cic. Brut. 65-69 y G. Calboli, *Catonis Oratio pro Rhodiensibus*, p. 40-98.

95. Quisiera citar al menos los siguientes pasajes para completar la lista de los pasajes de Horacio citados por Quintiliano (cf. M. Winterbottom, *M. Fabi Quintiliani Inst. Orat. Libri Duod.*, Tomus II: Index, p. 757): Hor. *carm.* 1,4,13 (Quint. *inst.* 8,6,27); *carm.* 1,12,1-2 (8,2.9); *carm.* 1,12,40-1 (9,3,18); *carm.* 1,15,24-25 (9,3,10); *carm.* 3,6,36 (8,2,9); *carm.* 4,2,11-12 (9,4,54); *sat.* 1,1,100 (9,4,65); *sat.* 1,6,104 (1,5,57); *sat.* 2,6,83-4 (9,3,17); *epist.* 1,5,23 (11,3,80); *epist.* 2,1,192 (1,5,57); *ars* 388 (Epist. Tryph. 2); *Ars* 402 (10,1,56).

96. Sobre esta oda cf. G. Calboli, "*O navis referent inmare te novi fluctus* (Zu Horazens *Carm.* I, 14)" 1998, y P. Paolucci, "Tre vettori" 1999. Yo presenté algunas evidencias a partir de la retórica (en concreto partiendo de Würzburger Papyrus 19) y Paolucci desde el campo de la numismática para la *Oda* 1,14 de Horacio.

Todos los datos acerca de esta *Oda* los presentan Nisbet y Hubbard[97], quienes han propuesto la posibilidad de "que Mecenas mencionó el Barco en algún panfleto, el cual ha influido por igual en Horacio y en Dión"[98]. Quintiliano cuenta que en su época una interpretación alegórica de este barco era un lugar común (*navem pro republica* "el estado bajo la semblanza de un barco")[99]. Pero ésta es una alegoría que aparece en la poesía desde Alceo (326) y Teognis (671ss.) hasta Dante (*Purg.* 6, 76-7. 'Ahi serva Italia, di dolore ostello, / nave senza nocchiere in gran tempesta'), y Quintiliano hace su propia contribución a la circulación de esta espléndida alegoría del 'gobierno'. Nosotros podemos encontrar una prueba de esta familiaridad con Horacio demostrada por Quintiliano si aceptamos la hipótesis de E. Fraenkel[100] de que Quintiliano aprendió "cuando era niño o adolescente", lo que explica sobre esta oda "de los labios de su profesor o a partir de un comentario"[101]. Quintiliano probablemente aprendió la misma doctrina y el amor de Quintiliano por Horacio (*nisi labor eius amore*, 'a no ser que me deje llevar por mi amor hacia su obra' Quint. *inst.* 10,1,94) aparece de esta forma, un antiguo amor basado también en el recuerdo de niñez.

Hay otras citas de Horacio en la *Institutio oratoria* de Quintiliano, en 9,3,10 (Hor. *carm.* 1,5,24-25) y 9,4,54 (Hor. *carm.* 4,2,11-12), donde Quintiliano combina la autoridad de Cicerón (*frequentissime*), Virgilio (*ecl.* 9,45) y Horacio (*carm.* 4,2,11-12) para demostrar la importancia de los *numeri* ("metros") y del ῥυθμός ("ritmo").

En conclusión: ¿Cuál es la actitud de Quintiliano hacia Horacio en general? Y ¿Cuál es la importancia del poeta para el rétor y del rétor para el 'Fortleben' del poeta? A mí me parece que la importancia de Horacio como

---

97. Nisbet y Hubbard, *Commentary* I, pp. 178-188.

98. Nisbet y Hubbard, *Commentary* I, p. 181.

99. Por lo tanto, parece inútil intentar señalar exactamente cuál era este barco, como Kukula hace en uno de los pocos artículos dedicados a las citas de Horacio en la obra de Quintiliano (cf. R. Kukula, "Quintilians Interpretation von Horaz' *Carm.* I, 14", p. 237-245). Éste intenta identificar el Barco de Horacio con el barco abanderado por Octavio en el *Bellum Actiacum* y en el que, después de la Batalla de Accio, vuelve Octavio a Italia para controlar una rebelión militar.

100. E. Fraenkel, *Horace*, p. 154.

101. Logré encontrar un libro de texto semejante: se trata de un tratado sobre 'Tropos' parcialmente conservado en el Würzburger Papyrus 19 (ver G. Calboli, "*O navis referent in mare te novi fluctus*", pp. 40-45).

fuente de material y ejemplos es insignificante en comparación con la importancia que Quintiliano le atribuye al juicio de Horacio y a su opinión crítica. Quintiliano se muestra influido por el poeta muchas veces, y se siente muy cerca de su gusto estilístico. Esta opinión se ve confirmada por el hecho de que en algunas ocasiones la opinión de Horacio es citada junto a otras muy similares o incluso idénticas de Cicerón y Virgilio (*inst.* 1,5,57; 8,3,20; 9,4,54; 10.1.24). Es verdad que Quintiliano algunas veces critica a Horacio, pero en asuntos muy importantes sigue al poeta, incluso aunque Horacio dice explícitamente[102] que a él no le gustaría entrar en las escuelas como Virgilio. Por lo tanto, nosotros podemos afirmar que Quintiliano, al acercarse al poeta como guía crítica y estilística, emplea la poesía de Horacio de una manera que le hubiera agradado. Como para el 'Fortleben' de Horacio, Quintiliano se sirve de un acercamiento epigramático que depende de la técnica de la propia cita, incluso aunque él admira las *sententiae* como Plinio el Joven y, después, Marco Aurelio y Frontón[103].

102. Cf. Hor. *sat.* 1.10.74-75 *an tua demens / vilibus in ludis dictari carmina malis?* (".." ¿O eres tan loco/ de desear que tus poemas se dicten en escuelas baratas?") ; *epist.* 1,20,17-18 *hoc quoque te manet, ut pueros elementa decentem / occupet extremis in vicis balba senectus* ("También te espera que enseñando a niños las letras / te alcance en u pequeño rincón la balbuciente vejez"), y y el comentario sobre estos versos que hace E. Fraenkel, *Horace* 359: "The prophecy concludes with the announcement of this ultimate humiliation: *hoc quoque te manet* ...".

103. Cf. Quint. *inst.* 1,5,2; 5,11,20; 8,3.20; 9,3,10; 9,3,65; 10,1,63; 10,1,94. Para Plinio y Frontón cf. G. Calboli, "Nota di Aggiornamento", pp. 1145-1149.

IV Las figuras del pensamiento y los *progymnasmata*

Gualtiero Calboli

Al final de la *Rhetorica ad Herennium* (IV, 63-65) encontramos un grupo de tres figuras relacionadas entre sí: la ἠθοποιία, denominada *notatio* en la *Rhetorica ad Herennium*, los διάλογοι o *sermocinatio* y la προσωποποιία o *conformatio*. De estos tres términos latinos de la *Rhetorica ad Herennium*, que obedecían sin duda al antihelenismo de su autor (véase *Rhet. Her.* 1,1 y 3.38) [104], sólo *sermocinatio* fue aceptado por Quintiliano (*inst.* 9,2,31), que utiliza el término διάλογοι y añade que algunos tratadistas latinos llamaban *sermocinatio* a esta figura (διαλόγους [...], *quod Latinorum quidam dixerunt sermocinationem*). De hecho, el término *sermocinatio* aparece sólo en la *Rhetorica ad Herennium* y en Quintiliano, pero en ningún otro de los textos que se nos han conservado. En estas páginas me ocuparé de estas tres figuras.

El origen dramático de estas figuras es evidente y ya fue señalado, en el caso de la προσωποποιία, por Teón, el autor de los *Progymnasmata*, que dijo:

(1) Theo, *Progym.* 2,79-81, p. 148 Butts Προσωποποιίας δὲ τί ἂν εἴη παράδειγμα κάλλιον τῆς Ὁμήρου ποιήσεως, καὶ τῶν Πλάτωνος καὶ τῶν ἄλλων τῶν Σωκρατικῶν διαλόγων, καὶ τῶν Μενάνδρου δραμάτων; "De prosopopeya ¿qué ejemplo habría más hermoso que la poesía de Homero, los diálogos de Platón y de los demás socráticos, y los **dramas de Menandro**?" (trad. M. D. Reche Martínez, p. 66).

Es más, es bien sabido que había una estrecha relación entre el poeta cómico Menandro y Teofrasto, especialmente si aceptamos la afirmación de Pánfila recogida por Diógenes Laercio:

(2) Diog. Laert. V 36 ὁ δὲ Θεόφραστος γέγονεν ἀνὴρ συνετώτατος καὶ φιλοπονώτατος καί, καθά φησι Παμφίλη ἐν τῷ τριακοστῷ δευτέρῳ τῶν

104. A este respecto véase mi *Comentario*, p. 208.

> Ὑπομνημάτων, διδάσκαλος Μενάνδρου τοῦ κωμικοῦ. "Teofrasto era una persona muy inteligente y trabajadora y, como dice Pánfila en el trigésimo segundo libro de los Comentarios, uno de los profesores del poeta cómico Menandro."

Konrad Gaiser dedicó un extenso trabajo a este asunto, y admite que este y otros dos pasajes en los que se alude a Menandro como amigo de Teofrasto o como relacionado de alguna manera con el Perípato no bastan para tener una certeza absoluta. En efecto, de los dos pasajes que atañen a esta cuestión, en el primero Alcifrón (IV 19,14) dice que tanto Teofrasto como Epicuro eran amigos de Menandro, y en el segundo Diógenes Laercio (V 79) afirma que había relaciones de amistad entre Menandro y Demetrio Faléreo, que se educó en la escuela peripatética de Teofrasto. Sin embargo Gaiser deduce que Menandro y Teofrasto estaban próximos no sólo en lo cultural, sino también en lo familiar ("Darüber hinaus kann man aber auch sagen, daß es sich nicht nur um eine allgemeine geistige Verwandschaft handelt, sondern um eine persönliche Verbundenheit", K. Gaiser, *Menander und der Peripatos*, p. 36). Yo añadiría que la doctrina de las figuras expuesta en la *Rhetorica ad Herennium* llegó a esta obra bajo una fuerte influencia peripatética y que era más o menos coherente con la doctrina de las figuras que Aristóteles presentó en el conjunto de la *Poética* y la *Retórica*, según he mostrado en mi artículo "From the Aristoleian λέξις to *elocutio*". Se trata de una influencia esperable: la fuente de la *Rhetorica ad Herennium* proviene seguramente de la isla de Rodas [105], y la escuela peripatética de Rodas, gracias a Eudemo y a otros, era tan importante como la ateniense y estaba bien establecida ya en tiempos de Aristóteles. El origen peripatético de la proswpopoiiva parece, por lo tanto, muy probable.

La estrecha relación de la ἠθοποιία con la filosofía y la retórica peripatéticas se puede confirmar de dos maneras. En primer lugar, el ejemplo que ilustra la *notatio* (ἠθοποιία) en la *Rhetorica ad Herennium*, la primera obra de la literatura grecolatina en la que se describe esta figura, corresponde al ἀλαζών, el vigésimo tercer carácter de Teofrasto. Esta correspondencia llama

105. La relación con la isla de Rodas la demuestran la cita del escultor rodio Cares (*Rhet Her.* 4,9) y de una ley rodia sobre la navegación (Rhet. Her. 1,19).

la atención y es puesta de relieve por el reciente editor de los *Caracteres* de Teofrasto, Luigi Torraca. Torraca dice (p. xxiv): "Le riflessioni del retore [ad Herennium] si attagliano perfettamente ai *Caratteri* di Teofrasto, che probabilmente egli ha letto" ("las reflexiones de este rétor casan perfectamente con los *Caracteres* de Teofrasto, que probablemente había leído"). La única diferencia reside en la ampliación del asunto en la *Retórica a Herennio* (IV 63) si la comparamos con lo que Teofrasto escribe acerca del ἀλαζών, pero esto es coherente con el desarrollo que esta figura recibió en la escuela peripatética. En segundo lugar, y sin perder de vista esto último, no hay que olvidar la relación existente entre ἠθοποιία y προσωποποιία, cuyo origen peripatético ya se ha establecido. La única obra en la que se diferencia claramente entre las tres figuras, ἠθοποιία, διάλογοι y προσωποποιία, es la *Retórica a Herennio*, y esta distinción se fue difuminando gradualmente y se abandonó. Así, Quintiliano (*inst.* 9,2,29) no distinguía entre *sermocinatio* (διάλογοι) y ἠθοποιία, aunque hace constar que había quien admitía la diferencia. Más tardíamente se introdujo la figura de la εἰδωλοποιία para el caso en el que el discurso estuviera en boca de una persona muerta, mientras que la προσωποποιία se utilizaba para casos en los que se dota de voz a cosas como la Acusación de Menandro (Aphton. *progym.* 11, p. 34 Rabe; Hermog. *progym.* 9, p. 20 Rabe) o como el mar (θάλασσα) que se dirige al pueblo ateniense. Por el contrario, los tratadistas más tardíos como Zoneo (*RhG.* 162,22-24) y el autor del *De figuris* (*RhG.* 177,2 ss.) consideran que ἠθοποιία es la figura empleada cuando se dota de voz a una cosa muda, y la misma definición es la que atribuyen a προσωποποιία (cf. G. Reichel, *Quaestiones Progymnasmaticae*, pp. 75-77). Así pues, hay una oscilación entre ἠθοποιία y προσωποποιία que hemos de explicar. La función principal de estas figuras es la misma que la de ἦθος de Aristóteles, esto es, introducir a otra persona si hay que decir algo desagradable acerca de alguien y hacer que sea esa persona quien lo diga: Arist. *rhet.* 1418b 23 ss. (trad. A. Tovar, p. 225) "Sobre el carácter [ἦθος], como si se dicen algunas cosas sobre uno mismo es ello motivo de herir o de palabrería o de contradicción, y si sobre otro, de injurias o grosería, es necesario figurar que es otro quien habla, lo cual hace Isócrates en el *Filipo*". Esta misma idea aparece, de manera más ampliada y relacionada con el uso retórico de las figuras de pensamiento, que es lo que ahora nos ocupa, en Quintiliano:

(3) Quint. *inst.* 9,2,30-32 προσωποποιίαι [...]. *His et aduersariorum cogitationes uelut secum loquentium protrahimus (qui tamen ita demum a fide non abhorrent si ea locutos finxerimus quae cogitasse eos non sit absurdum), et nos cum aliis sermones et aliorum inter se credibiliter introducimus, et suadendo, obiurgando, querendo, laudando, miserando personas idoneas damus. Quin deducere deos in hoc genere dicendi et inferos excitare concessum est. Vrbes etiam populique uocem accipiunt. Ac sunt quidam qui has demum* προσωποποιίας *dicant in quibus et corpora et uerba fingimus: sermones hominum adsimulatos dicere* dialovgou" *malunt, quod Latinorum quidam dixerunt sermocinationem. Ego iam recepto more utrumque eodem modo appellaui: nam certe sermo fingi non potest ut non personae sermo fingatur.* "Gracias a esto mostramos los pensamientos de nuestros adversarios como si estuviesen hablando con ellos mismos (aunque sólo tendremos poder de convicción si ponemos en su boca lo que no sería absurdo que pensasen); y también podemos, sin sacrificar la credibilidad, presentar conversaciones entre nosotros y otras personas o las de otros consigo mismos, y poner palabras de consejo, reproche, queja, alabanza o compasión en boca de las personas apropiadas. En este tipo de expresión nos está permitido incluso hacer bajar a los dioses del cielo y resucitar a los muertos, y también las ciudades y las naciones pueden encontrar su voz. Hay algunas autoridades que restringen el término de *personificación* a los casos en los tanto las palabras como las personas son ficticias, y prefieren denominar las conversaciones imaginarias entre personas con el nombre griego de *diálogos*, lo que algunos traducen al latín por *sermocinatio*. Por mi parte, yo he incluido las dos cosas bajo el mismo término aceptado generalmente, ya que no es posible imaginar un discurso sin que imaginemos también la persona que lo pronuncia."

Este es el primer paso en la confusión entre ἠθοποιία y διάλογοι, como con razón han señalado Josef Martin (*Antike Rhetorik*, p. 291) y Lucia Montefusco (*Fortunatiani Ars Rhetorica*, p. 461), porque un discurso está naturalmente relacionado con el personaje (el πρόσωπον) en cuanto que tal personaje sustituye a alguien que quiere desaparecer de escena, pero sólo momentáneamente.

Otro factor que debe tenerse en cuenta con respecto a estas figuras junto con su origen peripatético es el de las influencias rodia y asianista. Como decía antes, la única diferencia entre el ἀλαζών de Teofrasto y el ejemplo de *notatio* (ἠθοποιία) que se encuentra en la *Retórica a Herennio* es el desarrollo y ampliación de este carácter vivaz cuya descripción es imposible que dure menos de un año (*Eiusdem est hominis natura, ut quae singulis diebus efficiat gloria atque ostentatione, ea uix annuo sermone enarrare possim.* "Tal es la naturaleza del hombre que lo que lleva a cabo en un día mediante la jactancia y la ostentación, yo a duras penas podría contarlo en un año"). Esta locuacidad puede considerarse un producto del asianismo: tenemos noticia de la crítica de que era objeto el famoso historiador y orador Hegesias de Magnesia, que vivió unos pocos años después de Teofrasto y al que se considera un autor exageradamente asianista. En efecto, Agatárquide acusaba a Hegesias de destruir cualquier posible efecto patético con sus juegos de palabras y su excesivo uso de figuras. De este modo Hegesias desplazaba la atención del lector del contenido hacia la forma de sus afirmaciones, hacia el lenguaje utilizado para presentar los hechos. Entre los ejemplos que cita Agatárquide hay una audaz προσωποποιία de las ciudades vecinas a otra que ha sido devastada:

(4) Heg. *Frg. Hist.* 142,13 αἱ δὲ πόλεις αἱ πλησίον ἔκλαιον τὴν πόλιν, ὁρῶσαι τὴν πρότερον οὖσαν οὐκετ' οὖσαν "las ciudades vecinas lamentaron la destrucción de la ciudad, al ver que ya no existía la ciudad que antes existía".

Hegesias escribió una historia de Alejandro y, según he demostrado (Calboli, *Asianesimo ed Atticismo*, pp. 33-40), ha de considerársele un historiador jonio, lo que quiere decir que escribió el género de historiografía dramática cuyo autor más representativo es Ctesias. Un extenso pasaje de Hegesias citado por Dionisio de Halicarnaso (*de comp.* 18.26) acerca de la tortura que sufrió el Betis, el comandante persa de Gaza, confirma que Hegesias se esforzaba en obtener efectos dramáticos. Ya he tratado en dos artículos diferentes [106] sobre este pasaje que, con la excepción de Polibio, es el texto más largo de toda la historiografía helenística, y me limito aquí a resumir mis conclusiones al respecto. El pasaje sobre el tormento que Alejandro hace padecer a Betis contradice la crítica de Hegesias, pero confirma el estilo altamente dramático de su historia. Por otro lado, Agatárquide,

106. Cf. G. Calboli, *Asianesimo e Atticismo*, pp. 34-39; Id., *Asiani (oratori)*, pp. 222-225.

el severo crítico de Hegesias, era un filósofo peripatético, y una de sus críticas sobre Hegesias nos ayuda a comprender mejor cuál es el alcance de dicha crítica. Agatárquide acusa a Hegesias de acabar un pasaje con demasiada rapidez, y dice:

(5) Agat. ap. Photios *bibl.* 8, PG CIV, col. 25c Ἐμοὶ μὲν οὖν σκώπτειν ὁ σοφιστὴς δοκεῖ διὰ τούτων, οὐκ ὀλοφύρεσθαι τῶν πόλεων τὴν τύχην, καὶ σκοπεῖν πῶς ἂν τάξιστα συνκόψαιτο τὸν λόγον, οὐ πῶς τὸ πάθος ὑπὸ τὴν ὄψιν ἀγάγοι διὰ τῆς ἐναργείας. "*Mihi quidem* –esta es la traducción latina de la Migne con alguna corrección– *iocari sophista hisce uidetur, non deprecari urbis fortunam* [es decir, parece que hace un chiste acerca del destino de Tebas, que había sido destruida por Alejandro, no que lo lamente], *et uidere, quomodo breuissime sermonem abscindat: nec uero quomodo calamitatem ante oculos uerborum ui ponat.*"

Es sencillo deducir que Agatárquide criticaba la brevedad de Hegesias, porque a un filósofo peripatético como él no le gustaba esa brevedad que era una de las virtudes estoicas de la expresión. Ahora deberíamos tener otra vez en cuenta los ejemplos utilizados en la *Retórica a Herennio* para ilustrar las tres figuras sobre las que estamos tratando. Hemos de admitir que, a primera vista, tanto el ejemplo de *sermocinatio* (διάλογοι) como el de *conformatio* (προσωποποιία) son enteramente romanos, mientras que el ejemplo de *notatio* (ἠθοποιία) parece a la vez romano e itálico, a partir de referencias al campo romano como *in Tusculano quidem coepi insanire et in isdem fundamentis aedificare*, aunque podría tratarse de la inclusión de conceptos romanos en un texto griego. Por el contrario, el ejemplo de *sermocinatio* es muy dramático. La escena consiste en la irrupción en una casa de un hombre armado seguido de otros tres jóvenes armados, cuya intención es dar muerte al dueño de la casa. A continuación, se da un diálogo de gran dramatismo: la esposa del dueño de la casa intenta primero provocar la piedad en los asesinos. Al final, el propio dueño interviene y, con gran dignidad, rehusa implorar a los asesinos, y resulta muerto en la misma escena. La situación corresponde a lo que pasó en Roma en el 88 a. de C. cuando primero Sila y, después de su partida a Asia, Mario entraron en Roma con sus ejércitos. La controversia sobre el asesinato de Sulpicio ha sido por ello considerada como la fuente de este pasaje[107]. Esto implica, por un lado, que el ejemplo se forjó en una escuela romana de retórica, y, por otro, que un tipo especial de asianismo existía entonces en Roma. Pero ¿qué tipo de asianismo? No quiero entrar aquí en la cuestión planteada por Cicerón en el famoso pasaje del *Bruto* (325 ss.) donde dice que en su tiempo había dos clases de asianismo en Grecia y Roma: uno de frases cortas y otro de largos periodos y estilo hinchado. Tampoco quiero entrar en cuestión de la continuidad del estilo asianista hasta la segunda sofística, como proponía Norden, para quien el nuevo estilo del Imperio era una especie de asianismo: ya he tratado estos asuntos[108] y los menciono sólo para mostrar la riqueza y la vitalidad del estilo asianista. Lo que me interesa aquí es la distinción entre el estilo de los rétores asiáticos y de los escritores que vivían en Asia, por un lado, y el estilo asianista utilizado por los rodios, por otro. Cicerón distinguía muy claramente entre el estilo asianista de los autores que vivían en Asia del de los rodios y del estilo ático, y digo ático, y no aticista, lo cual correspondería a una nueva moda desarrollada a mediados del siglo I a. de C. Reproduzco aquí dos pasajes de Cicerón y Quintiliano para confirmar esto:

(6) Cic. *orat.* 25 *itaque Caria et Phrygia et Mysisa, quod minime politae minimeque elegantes sunt, asciuerunt aptum suis auribus opimum quoddam et tamquam adipatae dictionis genus, quod eorum uicini, non ita lato interiecto mari, Rhodii numquam probauerunt, Graecia autem multo minus, Athenienses uero funditus repudiauerunt.* "Y así, Caria, Frigia y Misia, en donde no hay prácticamente buen gusto ni elegancia, se ha adoptado un estilo ampuloso e hinchado que complace aquellos oídos. Pero sus vecinos, los rodios, aunque separados de ellos sólo por un reducido estrecho, nunca aprobaron ese estilo, Grecia se mostró incluso menos partidaria y los atenienses lo repudiaron por completo."

Quint. *inst.* 12,10,18 ss. *Tertium mox qui haec diuidebant adiecerunt genus Rhodium, quod uelut medium esse atque ex utroque mixtum uolunt: neque enim Attice pressi neque Asiane sunt abundantes, ut aliquid habere uideantur gentis, aliquid auctoris. Aeschines enim, qui hunc exilio delegerat locum, intulit eo studia Athenarum, quae, uelut sata quaedam caelo*

107. Tal era la hipótesis de F. Marx, *Prolegomena*, p. 108; y mi Comentario, pp. 425 ss.
108. Cf. G. Calboli, *Asiani (oratori)*, pp. 218-231.

> *terraque degenerant, saporem illum Atticum peregrino miscuerunt. Lenti ergo quidam ac remissi, non sine pondere tamen, neque fontibus puris neque torrentibus turbidis, sed lenibus stagnis similes habentur.* "Posteriormente, los críticos a los que debemos esta clasificación añadieron un tercer estilo, el rodio, que consideraban que estaba entre los dos y que era una mezcla de ambos, ya que los oradores de esta escuela no son ni tan concisos como los aticistas ni tan redundantes como los asianistas, sino que dan la impresión de hacer derivar su estilo en parte de sus peculiaridades nacionales y en parte de las de su fundador. Y es que fue Esquines el que introdujo la cultura de Atenas en Rodas, lugar que eligió para su exilio, y del mismo modo que ciertas plantas degeneran al cambiar de suelo y de clima, el elegante estilo ático se perdió por la mezcla con otros ingredientes extraños. Así, a algunos de los oradores de esta escuela se les considera lentos y con poca energía, aunque no carentes de cierta gravedad, y se les compara con plácidos estanques frente a los claros manantiales de Atenas y los trubios torrentes de Asia."

El pasaje de Quintiliano es muy importante porque señala dos asuntos. En primer lugar, que existía una relación entre el estilo ático y el estilo rodio –el estilo rodio parece haber sido una derivación del estilo ático llevada a cabo por Esquines. En segundo lugar, Quintiliano, para denigrar el estilo asianista, utiliza la misma imagen del río que había usado Calímaco (*Himno a Apolo* 105-113), y así conecta la polémica contra el asianismo con la polémica calimaquea contra Antímaco (véase también Call. frg. 398 Pf.). La crítica más pertinente sobre el estilo asianista la expresó el emperador Augusto al hablar sobre el estilo de Antonio: para Augusto, el objetivo de Antonio era más ser admirado que ser comprendido (Suet. *Aug.* 86.2 [Augustus] *M. quidem Antonium ut insanum increpat quasi ea scribentem, quae mirentur potius homines quam intellegant*). En lo que a mí respecta, he dedicado un trabajo a las dos cartas de Antonio que conservamos (*Att.* 10,8A y 14,13A) y comparto la opinión de Augusto. Sin embargo, aparte de esta crítica severa al expresarse de manera ininteligible, había otro criterio para censurar los excesos del asianismo: la norma o virtud de lo πρέπον. Reconozco que hasta ahora yo había sospechado que Cicerón exageraba las diferencias entre el estilo rodio y el asianista para contestar la acusación aticista de que él era un orador asianista, y que Quintiliano había aceptado sin crítica lo que decía su héroe Marco Tulio. Sin embargo, ahora estoy convencido de que la

Retórica a Herennio, si consideramos estas tres figuras, nos proporciona la prueba decisiva de que Cicerón y Quintiliano estaban en lo cierto. Y es que *Retórica a Herennio* 4,65, el pasaje que supuestamente surgió de la controversia por el asesinato de Sulpicio (véase el final de este trabajo), es dramático en el mejor de los sentidos, sin ninguno de los excesos o juegos de palabras que se le censuraban a Hegesias. Por otro lado, que el autor de la *Retórica a Herennio* era claramente consciente de este tipo de error se hace patente en el ejemplo de estilo alto equivocado que cita extraído de otra controversia:

(7) *Rhet. Her.* 4,15 *grauis oratio saepe inperitis uidetur ea, quae turget et inflata est, cum aut nouis aut priscis uerbis aut duriter aliunde translatis aut grauioribus, quam res postulat, aliquid dicitur, hoc modo: "Nam qui perduellionibus uenditat patriam, non satis supplicii dederit, si praeceps in Neptunias depulsus erit lacunas. Poenite igitur istum, qui montis belli fabricatus est, campos sustulit pacis."* "a los poco expertos con frecuencia les parece que pertenece al estilo un grave discurso que ha resultado hinchado y turgente: cuando se dice algo con palabras nuevas o arcaicas, o duramente metafóricas, en un tono más grave de lo que requiere el asunto, por ejemplo: 'Al que comete alta traición y va vendiendo a su patria, no se le impondría castigo suficiente si se le arrojase de cabeza a las honduras neptunianas. Castigas, por tanto, a ése que ha levantado montes de guerra, que ha destruido los campos de la paz'." (trad. J. F. Alcina, pp. 256 ss.)

Resulta interesante que en esta obra se pase un poco por alto el equivalente latino de πρέπον, *aptum* o *decorum*, o, por ser más exacto, que esté ausente en el momento en el que el autor trata las virtudes de un discurso, esto es, *quas res debeat habere elocutio commoda et perfecta* (*Rhet. Her.* 4,17). Se trata de un hecho que requiere una explicación. La que propone Stroux es que la doctrina original de Teofrasto sobre este asunto en los textos escolares se fue oscureciendo hasta perderse, y que sólo puede reconstruirse a través de Cicerón (Stroux, *De Theophrasti virtutibus dicendi*, p. 67). Sin embargo, el concepto de lo πρέπον no está completamente ausente de la *Retórica a Herennio*: al contrario, el propio Stroux encuentra este principio en el tratamiento de la *pronuntiatio*, la ὑπόκρισις griega (cf. Stroux, pp. 71 ss.). Así, tenemos dos pasajes de la *Retórica a Herennio* (3, 24 y 26) en los que Stroux, Caplan (pp. 202 ss.), yo mismo (p. 266) y, más recientemente, W. W. Fortenbaugh (*Theophrastus on Delivery*, p. 286) vemos una referencia a Teofrasto. Lo que esto quiere decir, a mi juicio, es que la doctrina de Teofrasto se transmitió con más fuerza en los aspectos en los que, como es el caso de la *pronuntiatio*, era más tajante y, por lo tanto, más resistente. Incluso podría utilizarse este argumento para defender el origen teofrasteo de los χαρακτῆρες ο πλάσματα τῆς λέξεως (*genera dicendi*), porque el criterio para distinguir entre el buen y el mal uso de los *genera dicendi* reside en lo πρέπον, en la propiedad, a pesar de que este término nunca se menciona, sino solamente las diferencias entre *grauis oratio* y *tumor* para el estilo elevado, entre *mediocre genus orationis* y *disolutum* para el estilo medio y entre *cottidianus sermo* y *friuolum* y *exile genus* para el bajo. El propio Cicerón dice, en *De oratore* 3,212, que los *genera dicendi* deben adecuarse al asunto que estemos tratando: *hoc loco nihil sane est quod praecipi posse uideatur, nisi ut figuram orationis plenioris et tenuioris et item illius mediocris ad id, quod agemus, accomodatam deligamus* ("a este respecto no parece que pueda recomendarse nada más que la adecuación del género, elevado, bajo o medio, a la causa en que nos hallemos") [109]. Como puede verse, en este pasaje Cicerón utiliza el término *figura*, el mismo que aparece en la *Retórica a Herennio*. Además, la condensación parece ser la línea conductora de la parte de la *Retórica a Herennio* dedicada a las virtudes del discurso, porque las dos virtudes teofrasteas Ἑλληνισμός (*Latinitas*) y σαφήνεια (*explanatio*) se condensan en la *elegantia* (*Rhet. Her.* 4,17). Probablemente Stroux estaba en lo cierto y con lo que nos encontramos de hecho es con una elaboración escolar de la doctrina teofrastea y peripatética. Así, tras haber ido de a escuela hasta el estilo literario, como en el caso del asianismo, volvemos otra vez a la escuela. Por lo demás, escuela y estilo están estrechamente relacionados en este asunto.

Lo πρέπον se recomendaba especialmente en los *Progymnasmata* de Teón al principio de la parte dedicada al discurso puesto en boca de un personaje (προσωποποιία). "In der Rhetorik hat sich das πρέπον seinen festen Platz endgültig durch Theophrast erobert" ("En la retórica, lo πρέπον ha obtenido

109. Cf. M. Pohlenz, Τὸ πρέπον, p. 63.

su lugar definitivo gracias a Teofrasto"), escribe M. Pohlenz (p. 59), y Ludwig Radermacher demostró en su monografía sobre Lisias (caps. 8-9) que Dionisio de Halicarnaso relacionaba la ἠθοποιία con lo πρέπον a partir de Teofrasto. Por supuesto, la ἠθοποιία de la que se trata en este caso se refiere al carácter tal y como lo describe Aristóteles (*rhet.* 1388b 31-1391b 6), y no es ni la misma figura que la προσωποποιία ni otra que se le aproxime. Sin embargo, esta parte importantísima de la teoría retórica, lo πρέπον, la propiedad, no solía tratarse en profundidad en los manuales de retórica sino que, por el contrario, no se le prestaba atención. Así ocurre, según señalaba antes, en la *Retórica a Herennio* y –lo que es más extraño– en Cicerón, quien, además, señalaba citando al gran actor Roscio que esta parte de la retórica no puede aprenderse en una *ars rhetorica*: *quem* [sc. *Roscium*] *saepe audio dicere caput esse artis decere, quod tamen unum id esse quod tradi arte non possit* (Cic. *de orat.* 1,132). Por otro lado, Quintiliano (*inst.* 11,1,4) lamentaba que Cicerón pasara de puntillas por este tema en el tercer libro del *De oratore*, aunque él mismo no añade nada al tratamiento de Cicerón (véase Pohlenz, Tὸ πρέπον, pp. 63 ss.). Esto implica –y esta es la conclusión de Pohlenz– que Quintiliano no encontró en los manuales escolares suficiente material al respecto sobre el que trabajar. Así pues no es tan extraño que no se tratara más directamente el asunto de la propiedad en la *Retórica a Herennio*, aunque apareciera como concepto y como conducta en un punto concreto, el uso de los tres estilos. Mi conclusión no puede pasar por alto la cuestión de la influencia peripatética, ni que aunque Aristóteles señalara la importancia de la propiedad (*rhet.* III 1404b 4) para un buen discurso y Teofrasto desarrollara lo πρέπον como una de la cuatro virtudes de un buen estilo, la propiedad se descuidó en los manuales escolares, y eso es lo que refleja la *Retórica a Herennio.* Sin embargo, la propiedad no sólo estaba presente en los ejemplos de las tres figuras de las que nos ocupamos, la ἠθοποιία, los διάλογοι y la προσωποποιία, sino también en el tratamiento de los tres estilos. En este caso, el autor de la *Retórica a Herennio* llama la atención sobre la ausencia de propiedad que habitualmente se daba en las obras de los oradores asianistas y, especialmente, en Hegesias.

Sin embargo, mucho más importante es la prueba de que el estilo rodio utilizado en Roma se caracterizaba por la moderación, según nos consta por Cicerón, sin sacrificar por ello el efecto dramático con el que se identificaba el estilo asianista. En ocasiones el efecto dramático derivaba de los mismos hechos, como en un famoso fragmento de Gayo Graco, alumno del rétor asianista Menelao de Márato. Con todo, resulta difícil distinguir en el texto siguiente entre el color dramático introducido por el uso del estilo asianista y el que produce la referencia al asesinato del hermano de Gayo:

(8) C. Gracc. frg. 61 (*ORF*[4] Malc., Cic. *de orat.* 3.214) *quo me miser conferam? Quo uortam? In Capitoliumne? At fratris sanguine madet. An domum? Matrem ut miseram lamentantem uideam et abiectam?* "¿Dónde puedo ir, desgraciado de mí? ¿A dónde puedo recurrir? ¿Al Capitolio? Pero el Capitolio está bañado con la sangre de mi hermano. ¿A mi casa? ¿Para ver a mi madre sumida en la desesperación y la queja?"

Para apreciar la moderación del estilo utilizado por el autor de la *Retórica a Herennio*, me refiero al estilo rodio, pasando por alto la fuerza dramática de los hechos, basta con comparar la moderación del ejemplo de una de las figuras sobre las que venimos tratando, la *sermocinatio*. Por ello concluyo con las palabras antiguas utilizadas para describir un asesinato como en una película:

(9) *Rhet. Her.* 4,65 *"Cum militibus urbs redundaret et omnes timore oppressi domi continerentur, venit iste cum sago, gladio succintus, tenens iaculum; III adulescentes hominem simili ornatu subsecuntur. Inrupit in aedes subito, deinde magna voce: 'Vbi est iste beatus', inquit, 'aedium dominus? quin mihi praesto fuit? Quid tacetis?' Hic alii omnes stupidi timore obmutuerunt. Vxor illius infelicissimi cum maximo fletu ad istius pedes abiecit sese.*

'Parce', inquit, 'et per quae tibi dulcissima sunt in vita, miserere nostri, noli extinguere extinctos, fer mansuete fortunam: nos quoque fuimus beati: nosce te esse hominem'. –'Quin illum mihi datis ac vos auribus meis opplorare desinitis? Non abibit.'

Illi nuntiatur interea venisse istum et clamore maximo mortem minari. Quod simul ut audivit: 'Heus', inquit, 'Gorgia', pedisequo puerorum, 'absconde pueros, defende, fac, ut incolumis ad adulescentiam perducas'. Vix haec dixerat, cum ecce iste praesto, 'sedes', inquit, 'audax?' Non vox mea tibi vitam ademit? Exple meas inimicitias et iracundiam satura tuo sanguine'. Ille cum magno spiritu: 'Verebar', inquit, 'ne plane victus essem. Nunc video: iure mecum contender non vis, ubi superari turpissimum et superare pulcherrimum est; interficere vis. Occidar equidem, sed victus non peribo". -"Vt in extremo vitae tempore etiam sententias eloqueris! Numquam ei, quem vides dominari, vis supplicare?' Tum mulier: 'Immo iste quidem rogat et supplicat: sed tu, quaeso, commovere; et tu, per deos', inquit, 'hunc examplerare. Dominus est; vicit hic te, vince tu nunc animum'. –'Quin desinis', inquit, 'uxor, loqui, quae me digna non sint? tace et quae curanda sunt, cura. Tu cessas mihi vitam, tibi omnem bene vivendi spem mea morte eripere?' Iste mulierem propulit ab se lamentantem; illi nescio quid incipienti dicere, quod dignum videlicet illius virtute esset, gladium in latere defixit."

"Cuando la ciudad estaba repleta de soldados y todos oprimidos por el miedo permanecían en sus casas, vino éste vestido de militar, ciñendo espada y portando venablo. Tres jóvenes con un equipo similar seguían al hombre. Súbitamente irrumpió en la casa. Después con voz potente dijo: '¿Dónde está el bienaventurado dueño de esta casa? ¿Por qué no se presentó ante mí? ¿Por qué calláis?' Ante esto todo el mundo paralizado por el miedo quedó mudo. La esposa de aquel desventurado llorando a lágrima viva se echó a sus pies y dijo: 'Perdónanos, y, por lo que te sea más querido en la vida ten piedad de nosotros. No quieras acabar a los que están ya acabados. Usa con moderación de tu buena fortuna. Nosotros también fuimos bienaventurados, recuerda que eres un hombre.' '¿Por qué no me lo entregáis y dejáis de lloriquear a mi oído? No se escapará.'

Entre tanto se anuncia al dueño de la casa la llegada de ese hombre y sus clamorosas amenazas de muerte. Y en cuanto lo oyó: 'Eh, Gorgias', dijo al encargado de sus hijos, 'esconde a los niños; defiéndelos e intenta que lleguen hasta la adolescencia sin daño.' Apenas había dicho esto cuando ese hombre se le planta delante y le dice: '¿Te quedarás sentado, hombre audaz? ¿Mi voz no te ha quitado la vida? Aplaca mi odio y sacia mi ira con tu sangre.' Él con gran presencia de ánimo contesta: 'Temía estar ya completamente vencido. Ahora veo que tú no quieres enfrentarte a mí en un juicio, en donde ser vencido es lo más vergonzoso y vencer es lo más hermoso. Quieres matar. Seré asesinado, de acuerdo, pero no moriré vencido.' '¡Cómo pronuncias sentencias incluso en el último día de tu vida! ¿No deseas suplicar a quien ves que te tiene en su poder?' Entonces la mujer dijo: 'Pero si él implora y suplica. ¡Pero tú, te lo ruego, conmuévete! ¡y tú, por los dioses, abraza sus rodillas! Te tiene en sus manos, él te venció, vence ahora a tu ánimo!' '¿Por qué no dejas', contestó, 'esposa mía, de decir cosas indignas de mí? Cállate y preocúpate de lo que debe preocuparte. ¿Tú a qué esperas para quitarme a mí la vida y a ti toda esperanza de llevar una vida honesta después de mi muerte?' Ese hombre empujó a la mujer que se lamentaba apartándola de sí. El marido empezó a decir no sé qué palabras que en verdad serían dignas de su virtud cuando le hundió la espada en el costado." (trad. J. F. Alcina, pp. 356 ss.)

V Quintiliano y la función de la *exercitatio* oratoria

Lucia Calboli Montefusto

? . Latomus 55 (1996). 615-25

Nadie mejor que un viejo maestro de escuela podía reconocer el importantísimo papel de la *exercitatio* en la formación del *consummatus orator*[110]. Y Quintiliano lo reconocía. Sólo con la ayuda de un profesor hábil, con el estudio constante y con un amplio y continuo ejercicio de la escritura, la lectura y la declamación (1 pr. 27 *doctore perito, studio pertinaci, scribendi legendi dicendi multa et continua exercitatione*) el joven que quisiera convertirse en *orator* podía, moldeando sus dotes naturales, obtener los mejores resultados en el ámbito de la retórica. Una vez más tenemos ante nosotros los tres conocidos elementos que durante siglos se consideraron la base de la elocuencia en el mundo clásico, *natura*, *ars* y *exercitatio*[111]. No se

---

110. Este es el orador ideal para Quintiliano (1, 10, 4 ss.): *non eum a nobis institui oratorem qui sit aut fuerit, sed imaginem quandam concepisse nos animo perfecti illius et nulla parte cessantis* ("no describo ningún orador que exista o haya existido, sino que tengo en mente cierta imagen del orador ideal, perfecto hasta en el más mínimo detalle"); cf. George Kennedy, "An Estimate of Quintilian", *American Journal of Philology*, 83, 1962, p. 130-146, en especial pp. 135-136.

111. La tríada *natura* (φύσις), *ars* (τέχνη, μάθησις, ἐπιστήμη) y *exercitatio* (μελέτη, ἄσκησις) se consideraba como requisito previo para cualquier educación ya entre los primeros sofistas. Desde entonces, Isócrates (*Antid.* 187; *Adv. Soph.* 14 ss.), Platón (*Phaedr.* 269 d) y el propio Aristóteles (Diog. Laert. V, 18) insistieron en su importancia. Cicerón llama la atención sobre estos elementos con mucha frecuencia (cf. Por ejemplo *Inv.* 1, 5; *de orat.* 1, 79; 2, 147; 3, 16; 3, 77; *brut.* 22; 25; *top.* 78) y Quintiliano nos recuerda el valor que tienen para dominar la *facultas orandi* (3, 5, 1; 7, 10, 4; 12, 1, 9; 12, 9, 20). Sobre este asunto, cf. Richard Volkmann, *Die Rhetorik der Griechen und Römer in systematischer Übersicht*, 2. Auflage, B. G. Teubner, Leipzig 1885 (Nachdruck Olms, Hildesheim 1963), pp. 30-31; Paul Shorey, "Φύσις, Μελέτη, 'Επιστήμη", *Transactions of the American Philological Association*, 39, 1908, pp. 185-201; Benedict Appel, *Das Bildungs- und Erziehungsideal Quintilians nach der "Institutio Oratoria"*, Inaugural-Dissertation, Buchhandlung Ludwig Auer, Donauwörth 1914, pp. 46-58; Francis Henry Colson, *Marcus Fabius Quintilianus, Institutionis oratoriae Liber I*, Edited with introduction and commentary by F. H. C., Olms, Hildesheim-New York 1973 (reimpr.), pp. 10-11; Karl Barwick, "Das rednerische Bildungsideal Ciceros", *Abhandlungen der sächsischen Akademie der Wissenschaften zu Leipzig*, Phil.-Hist. Kl., Bd. 54, Hf. 3, Akademie Verlag, Berlin 1963, pp. 8-10; Joachim Adamietz, *M. F(abi) Quintiliani Institutionis oratoriae liber III, mit einem Kommentar*, W. Fink, München 1966, p. 101; André Pellicer, *'Natura'. Étude sémantique et historique du mot latin*, Presses Universitaires de France, Paris 1966, p. 443; Charles Oscar Brink, *Horace, on Poetry, The 'Ars Poetica'*, Cambridge University Press, Cambridge 1971, pp. 394-397; Josef Martin, *Antike Rhetorik. Technik und Methode*, C. H. Beck, München 1974, p. 7; Freyr Roland Varwig,

puede olvidar ninguno de ellos para la obtención del éxito retórico, pero la importancia de cada uno es, sin embargo, muy distinta. Al contestar la vieja pregunta de si la elocuencia se beneficia más de la naturaleza o de la doctrina (2, 19.1)[112], Quintiliano no tiene duda alguna: la *natura* es el punto de partida, la *natura* es la *materia doctrinae* (2, 19,3); sin dotes naturales la doctrina no tiene nada que hacer (2, 19,2 *doctrina nulla esse sine natura poterit*). Pero, a juicio de Quintiliano, aunque al *consummatus orator* le hagan falta ambas, le sirve de más ayuda la *doctrina* que la *natura*: 2, 19,2 *consummatus autem plus doctrinae debere quam naturae putabo*; cf. 2, 17,9. La comparación que Quintiliano establece es elocuente por sí sola: trazando un paralelo con la agricultura, dice que "un suelo completamente árido no mejorará ni con el mejor de los cultivos, mientras que la buena tierra producirá frutos útiles sin cultivo alguno; pero en el caso de una tierra auténticamente rica, el cultivo hará más por ella que su fertilidad natural" (2, 19,2). Si la *doctrina* es para Quintiliano tan importante ¿por qué ponía tanto énfasis en el papel de la *exercitatio*? Porque desde su punto de vista pedagógico, la *exercitatio* es la otra cara de la *ars* en el proceso de enseñanza y aprendizaje. Podríamos decir que la antigua tríada *natura ars exercitatio* aparece en la *Institutio oratoria* como una oposición bipolar de dotes naturales, por un lado, y, por el otro, de preceptos que, si se aplican correctamente, aumentan los resultados de la mera elocuencia natural. Ello implica, por lo tanto, a todas las partes de la retórica y a las distintas partes del discurso.

Aunque Quintiliano no proporciona un tratamiento sistemático de la *exercitatio* y lo que encontramos son alusiones a ella a lo largo de toda la obra, en dos ocasiones describe con detalle los instrumentos de esta. La primera es durante el rápido repaso que hace de los προγυμνάσματα, esto es, los

Der rhetorische Naturbegriff bei Quintilian, Carl Winter, Heidelberg 1976, pp. 60-61; Anton Daniel Leeman-Harm Pinkster, *M. Tullius Cicero, De oratore libri III. Kommentar, 1. Band: Buch I, 1-165*, C. Winter, Heidelberg 1981, p. 209-211; Jean Cousin, *Quintilien, Institution Oratoire*, Tome VII, Les Belles Lettres, Paris 1980, p. 185-186.

112. Sobre esta dicotomía, que aparece a menudo en Quintiliano (por ejemplo, en 1,12,16; 2,8,3; 2,8,4; 6,4,12; 11,3,11; 12,5,2) y que no se limita a la retórica, sino que afecta a todas las artes (cf. Por ejemplo Hor. *Ars* 408 ss. para la poesía; Vitruv. *De arch*. 1,1,3 para la arquitectura), véase B. Appel, *Das Bildungs- und Erziehungsideal Quintilians nach der "Institutio Oratoria"*, pp. 57-58; Ch. O. Brink, *Horace on Poetry*, pp. 394-396; A. D. Leeman-H. Pinkster, *Comm. Cic. De orat.*, p. 210.

ejercicios elementales que los niños debían poner en práctica en la primera etapa de su formación para adquirir la habilidad de pronunciar un discurso completo [113]. De hecho, se decía que los προγυμνάσματα eran una μικρὰ ῥητορική, según leemos en Sardiano (*RhG* XV 3, 7 ss. Rabe), y su fin era acostumbrar a los alumnos a componer cada una de las partes del discurso. Nos consta, por ejemplo, que el μῦθος se consideraba la preparación para el exordio, el διήγημα y la ἔκφρασις para la *narratio*, la ἀνασκευή y la κατασκευή para la *argumentatio*, el κοινὸς τόπος para la conclusión (Anonym. *RhG* XIV 75, 13 ss. Rabe) [114]. Aunque esta clase de *exercitatio* probablemente había estado muy extendida en las escuelas durante mucho tiempo –según podemos deducir de las palabras de Quintiliano al principio del libro segundo acerca de la "querelle" entre *grammatici* y *rhetores* sobre su enseñanza[115]–, la *Institutio oratoria* es la primera exposición en latín de los προγυμνάσματα y, por ello, resulta de interés especial. Sin embargo, Quintiliano no trata estos ejercicios al modo mucho más técnico que es propio de los textos griegos sobre la materia, como los de Teón, Hermógenes, Aftonio,

113. Este tipo de ejercicio tenía gran importancia en la escuela del mundo antiguo. Aunque los textos que conservamos son bastante tardíos (la descripción más antigua es la de Teón, del siglo I d. C.), se aplicaban desde mucho antes, según podemos deducir de algunas alusiones a las normas que los regulaban que encontramos, por ejemplo, en la *Rhetorica ad Herennium* o en el *De inuentione* de Cicerón (cf. por ejemplo la distinción dentro de la doctrina de la *narratio* y lo que yo misma planteé en *Exordium Narratio Epilogus. Studi sulla teoria retorica greca e romana delle parti del discorso*, CLUEB, Bologna 1988, pp. 46-62). Para un panorama general sobre estos ejercicios, véase Georg Reichel, *Quaestiones Progymnasmaticae*, Diss.-Inauguralis, R. Noske, Lipsiae 1909, pp. 49-114; Donald Lemen Clark, *Rhetoric in Greco-Roman Education*, Columbia University Press, New York 1957, pp. 177-213; Heinrich Lausberg, *Handbuch der literarischen Rhetorik. Eine Grundlegung der Literaturwissenschaft*, M. Hüber, München 1960 (1990^{3}), pp. 533-546; M. L. Clarke, *Higher Education in the Ancient World*, Routledge and Kegan Paul, London 1971, pp. 36-38; Stanley Frederick Bonner, *Education in Ancient Rome. From the Elder Cato to the Younger Pliny*, Methuen and Co., London 1977, pp. 250-276; Toivo Viljamaa, "From Grammar to Rhetoric. First Exercises in Composition According to Quintilian *Inst.* 1,9", *Arctos*, 22, 1988, 179-201. El objetivo final de estos ejercicios era la habilidad de *declamare* (Quint. 2, 1, 2). En efecto, la declamación era la mejor manera de practicar (cf. la práctica diaria de este ejercicio a la que alude Cicerón en *Brut.* 310; A. D. Leeman-H. Pinkster, *Comm. Cic. De orat.* pp. 248-249) y Quintiliano la considera de gran ayuda no sólo para el futuro orador, sino también para el *consummatus ac iam in foro clarus orator* (10, 5, 14). Sobre la declamación, véase S. F. Bonner, *Roman Declamation in the late Republic and early Empire*, Liverpool University Press, Liverpool 1969 (=1949), pp. 1-83; Janet Fairweather, *Seneca the Elder*, Cambridge University Press, Cambridge 1981, pp. 104-131 con bibliografía más antigua.

114. Cf. Anonym. *RhG* XIV 169, 16 ss. Rabe; Nikol. *RhG* XI 36, 4 ss. Felten; L. Calboli Montefusco, *Exordium Narratio Epilogus*, p. 96.

115. Cf. Quint. 2, 1, 1-3.

Sardiano o los posteriores escoliastas de Aftonio. Parece que está mucho más interesado en la relación profesor-alumno en este primer nivel del aprendizaje de la retórica. La experiencia escolar de Quintiliano le proporcionaba una dimensión muy humana a sus consejos, que se dirigen tanto al alumno como al profesor [116]. De hecho, podemos ver cómo subraya la necesidad de un mutuo acuerdo entre profesor y alumno (2,9,3 *sociata tradentis accipientiisque concordia*), es decir, que "el profesor elocuente debe ser una persona de sensibilidad, familiarizado con la enseñanza y capaz de descender hasta la capacidad del que aprende; como quien anda deprisa, si se da el caso de tener que andar con un niño, le da la mano y relaja su ritmo, sin adoptar un paso más rápido del que su acompañante puede seguir" (2,3,7); los alumnos, por su parte, tienen que "querer a sus maestros no menos que a sus estudios y considerarlos como padres no de sus cuerpos, pero sí de sus mentes" (2,9,1). La unión entre la función de la enseñanza y la del aprendizaje se corresponde así a la relación entre *ars* y *exercitatio*.

Esta primera exposición del asunto contrasta con la situación en la que Quintiliano, después de haber tratado la *inuentio*, la *dispositio* y la *elocutio* se detiene a explicar *quo genere exercitationis* (10,1,4) el alumno ya crecido, como un atleta que ya ha aprendido de su entrenador todos los ejercicios, tiene que practicar él solo los preceptos que se le han enseñado. Este es el sentido del décimo libro de la *Institutio oratoria*, como Murphy con razón ha señalado en su reciente monografía sobre Quintiliano [117]. Esta práctica adulta, que acompañará al futuro orador durante toda su vida (10,7,27 *studendum uero semper et ubique*), persigue como objetivo final la capacidad de improvisación: 10,7,1 *maximus uero studiorum fructus est et uelut praemium quoddam amplissimum longi laboris ex tempore dicendi facultas* [118]. Si uno no

---

116. Sobre esta doble lectura, cf. también E. Fantham, "Quintilian on Performance: Traditional and Personal Elements in *Institutio* 11.3", *Phoenix*, 36, 1982, 243-263, en especial p. 244.

117. J. J. Murphy, *Quintilian*, p. XXXIV-XXXVIII; cf. G. Kennedy, *Quintilian*, Twayne Publishers, New York 1969, pp. 116-117. La relación entre los libros I, II y X también ha sido puesta de manifiesto por F. H. Colson en su comentario al libro I de la *Institutio oratoria*, p. XXXV, aunque considera que había mejores lugares que el libro X para esta recomendación. A. D. Leeman-H. Pinkster, *Comm. Cic. De orat.* p. 250, señalan por el contrario que la posición del libro X indica que estos ejercicios estaban destinados por Quintiliano sólo a la *inuentio*, la *dispositio* y la *elocutio*, mientras que los ejercicios para la *memoria* y la *actio* se tratan en el libro XI.

118. Es la *firma facilitas* o ἕξις lo que complementa al conocimiento de los preceptos: Quint. 10,1,1 *Sed haec eloquendi praecepta, sicut cogitationi sunt necessaria, ita non satis ad uim dicendi*

puede alcanzar esta capacidad, será mejor que renuncie a hablar en los juzgados y que dirija su talento de escritor hacia algo distinto (10,7,1). Pero la senda que tiene que seguir es larga y difícil, y requiere *exercitatio* diaria tanto de escritura como de lectura y práctica oral: 10,7,27: *Neque enim fere tam est ullus dies occupatus ut nihil lucratiuae ... operae ad scribendum aut legendum aut dicendum rapi aliquo momento temporis possit*[119].

De estos tres tipos de *exercitatio, scribere legere dicere*, la más complicada, pero la más útil, es *scribere*: 10,3,1 *ut laboris, sic utilitatis etiam longe plurimum adfert stilus.* Quintiliano nos recuerda que quien quiera adquirir una *firma facilitas* (10,1,1) para hablar en cualquier ocasión necesita hacer muchos ejercicios de escritura, porque sin esta perseverancia la capacidad para hablar *ex tempore* no será sino locuacidad vacía fundada en palabras que nacen en los labios (10,3,2 *sine hac ... constantia ipsa illa ex tempore dicendi facultas inanem modo loquacitatem dabit et verba in labris nascentia*). Es este un riesgo del que Quintiliano advierte al alumno a lo largo de toda su obra. Cualquier *extemporalis garrulitas*, incluso la de un niño que practica la *narratio*, merece ser condenada como *circulatoria iactatio* (2, 4,15). En cualquier etapa de su educación, el alumno debe emplear la mayor parte de sus energías en escribir: *scribendum ergo quam diligentissime et quam plurimum* (10,3,2), nos dice Quintiliano haciéndose eco de la recomendación de Cicerón en *de orat.* 1,150 *caput autem est ... quam plurimum scribere.*[120] Por lo tanto, también un niño debe no sólo practicar la escritura con la mayor de las aplicaciones que su edad le permita (2,4,15 *narrationes*

---

ualent nisi illis firma quaedam facilitas, quae apud Greacos hexis nominatur, accesserit. Sobre la raíz filosófica de la palabra griega y su significado, cf. J. Cousin, *Quintilien*, Tome VI, Les Belles Lettres, Paris 1979, p. 3; 292.

119. Cf. Quint. I pr. 27; 10,1,1. A estas actividades recomendadas hay que añadir la importancia de escuchar durante el proceso de aprendizaje. Aunque escuchar a otras personas hablar podría ser una manera de aprender menos inmediata porque *acrior est oculorum quam aurium sensus* (Quint. 11,2,34), no sólo este es el primer paso del proceso para un niño en su cuna (1,1,4; 10,1,10), sino que es también un instrumento para el escolar (cf. por ejemplo lo importante que era escuchar las lecturas del profesor o de los compañeros), o, durante el *tirocinium fori*, incluso un estímulo para el adulto para tomar nota de los juicios a los que había asistido en los tribunales (10,5,20); cf. A. D. Leeman-H. Pinkster, *Comm. Cic. De orat.*, pp. 250-253; J. J. Murphy, *Quintilian*, p. xxxvi.

120. Quintiliano cita al propio Cicerón en 10,3,1 *Nec immerito M. Tullius hunc "optimum effectorem ac magistrum dicendi" vocat*; cf. Cic. *de orat.* 1,150; 1,257; 3,190; *Brut.* 92; *orat.* 150; *ad fam.* 7,25,2; Plin. *epist.* 7,17,13; Iul. Vict. *ars rhetorica* p. 100, 9 f. Giom.-Celent; A. D. Leeman-H. Pinkster, *Comm. Cic. De orat.*, pp. 256-257.

stilo componi quanta maxima adhibita diligentia uolo), sino además acostumbrarse a ellos hasta que *huius sibi rei naturam faciat* (2,4,17).

La última es una afirmación muy importante, porque introducirse en el hábito (*usus, consuetudo*) de escribir [121] significa ser capaz de hablar *ex tempore* de tal manera que "incluso lo que digamos sin premeditación tenga la apariencia de haber sido escrito previamente" (10,7,7; cf. 9,4,14). Es precisamente este hábito el que nos proporcionará la *extemporalis facilitas* que queremos alcanzar y el que nos permitirá conservarla (10,7,18). Pero una vez más la advertencia de Quintiliano no es nueva, ya que la herencia de Cicerón es bastante evidente: *de orat.* 1,152 *et qui a scribendi consuetudine ad dicendum uenit, hanc adfert facultatem, ut etiam subito si dicat, tamen illa quae dicantur similia scriptorum esse uideantur*; cf. *orat.* 200. Lo que sí es nuevo es la extensión y la atención que Quintiliano dedica a este asunto en comparación con las pocas palabras de Cicerón. Si las raíces y los cimientos de la elocuencia están en la escritura, si en ella *uelut sanctiore quodam aerario* están los recursos que podemos utilizar para casos de emergencia (10,3,3), compensa con creces aprender *quo modo* y *quae maxime scribi oportet* (10, 3,5). Primero de todo, dice Quintiliano que *sit tardus dum diligens stilus* (10, 3,5), porque es el hábito de la escritura lo que proporcionará la velocidad (10, 3,9). Esta *diligentia* implica una buena elección de *res* y *uerba*, una ordenación adecuada y cuidado en el ritmo (10,3,5). No es escribiendo deprisa como uno puede escribir bien, sino al revés: si uno escribe bien también lo hará con rapidez (10,3,10), dice otra vez Quintiliano, advirtiendo, con todo, que no hay que hacer como algunos que, en ocasiones, creen que la precisión en la escritura implica crearse dificultades extraordinarias a uno mismo (10,3,11). Lo que le ocurrió a Julio Segundo, coetáneo de Quintiliano[122] y *familiariter amatus* por él mismo es un buen ejemplo: un día, cuando todavía era un niño que estudiaba en la escuela, estaba muy triste porque lleva-

---

121. Cf. 10,7,8 *Nam consuetudo <et> exercitatio facilitates maxime parit.* Lo importante que es para el orador la "Habitusbildung" fue debidamente subrayado por G. Funke, "Gewohnheit: Der Habitus des *vir bonus.* Ausbildung von *ars dicendi* und *scientia recte dicendi, inspectio et sapientia, imitatio* und *exercitatio* (Quintilian)", en *Archiv für Begriffsgeschichte* 3, Bonn 1956, pp. 99-118. Sobre la relación entre *exercitatio* y *consuetudo* en Cicerón, cf. A. D. Leeman-H. Pinkster, *Comm. Cic. De orat.*, p. 247.

122. Para una opinión sobre la habilidad retórica de Segundo, cf. Tac. *dial.* 2,3 ss.

ba tres días intentando encontrar un *exordium* para su tema, Julio Floro, *in eloquentia … princeps*, le preguntó por qué estaba tan preocupado. Después de que le respondiera, Julio Floro le dijo sonriendo: "¿Es que quieres hablar mejor de lo que puedes? (10,3,12-14). Con este relato Quintiliano quiere poner de relieve un elemento fundamental: que la capacidad de cada uno habría de ser la medida de sus esfuerzos: 10,3,15 *curandum est ut quam optime dicamus, dicendum tamen pro facultate.*

Quintiliano recomienda constantemente esta atención hacia el individuo particular al profesor [123], cuya primera tarea es diferenciar entre diferentes capacidades de sus alumnos y conocer las inclinaciones naturales de estos (2,8,1 *diligenter in iis quos erudiendos susceperit notare discrimina ingeniorum et quo quemque natura maxime ferat scire*). Incluso si aquí aún se puede ver al fantasma de Cicerón (cf. *de orat.* 3,35 *diligentissimeque hoc est eis, qui instituunt aliquos atque erudiunt, uidendum, quo sua quemque natura ferre uideatur*; cf. *Brut.* 204), sólo la prolongada experiencia docente de Quintiliano podía impulsarle a poner de relieve, como un *Leitmotiv* a lo largo de toda su obra, la importancia de la relación entre cada edad y la atención que merece mediante la práctica de ejercicios de todos los ámbitos de la instrucción retórica: "cada edad ha de ser corregida de una manera, y el esfuerzo ha de exigirse y enmendarse según el grado de capacidad del alumno" (2,4,14 *aliter autem alia aetas emendanda est, et pro modo uirium et exigendum et corrigendum opus*). Quintiliano nos dice que él solía decir a los alumnos que hacían algún intento *licentius aut laetius* que "por ahora estaba satisfecho, pero que llegaría un momento en el que ya no les toleraría composiciones de ese tipo" (2,4,14). A este respecto es interesante observar que en el libro décimo aparecen recomendados otra vez ejercicios que ya habían practicado los niños en la escuela, como las *infinitae quaestiones* (theseis), la *destructio* y la *confirmatio sententiarum* o los *loci communes* (10,5,11 ss.). Incluso la paráfrasis, que puede ser una labor complicada hasta para el profesor más experto (1,9,2 *opus etiam consummatis professoribus difficile*) puede resultar un ejercicio provechoso en cualquier nivel: a un niño que todavía está aprendiendo en la escuela la técnica del μύθος, el más

123. Cf. la misma preocupación en Teón, *RhG* II 72,15 ss. Spengel; S. F. Bonner, *Education in Ancient Rome*, pp. 274-275.

sencillo de los προγυμνάσματα, tras haber repetido oralmente una fábula de Esopo, se le pide que la escriba y que, rompiendo la estructura poética, exprese su sentido con palabras distintas y que utilice una paráfrasis, en la que se le permite que abrevie algo o añada algún adorno, siempre que se conserve el sentido del poema original (1,9,2 *uersus primo soluere, mox mutatis uerbis interpretari, tum paraphrasi audacius uertere, qua et breuiare quaedam et exornanre, saluo modo poetae sensu, permittitur*). Con el tiempo, sin embargo, cuando el alumno se haga mayor y aprenda los secretos del arte, su paráfrasis no consistirá sólo en una *interpretatio*, sino también en un *certamen* y una *aemulatio* (10,5,5)[124].

Esta es una idea fundamental. Para Quintiliano, la *aemulatio*, y la *imitatio* también, son de hecho instrumentos educativos. Precisamente en la competencia que origina la *aemulatio* entre los alumnos de la misma clase Quintiliano ve una de las mejores razones para ser educado no en casa, sino en una escuela[125]: es en la escuela, dice, donde el alumno "cada día oirá muchas cosas recomendadas y muchas cosas corregidas; la pereza de un compañero, cuando se reproche, le servirá a él de advertencia; la aplicaicón de otro, al ser encarecida, le servirá de estímulo; el elogio animará la emulación y considerará un desdoro ceder ante sus iguales y un honor aventajar a sus mayores" (1,2,21). Y del mismo modo que a un niño se le estimula en su progreso mediante esa competencia que le impulsa a hacer lo que pueda para superar a sus amigos, al futuro orador adulto, cuando practica él solo sus ejercicios de escritura, se encuentra en competencia virtual con el autor cuyo texto parafrasea[126]. Con un optimismo que no se encuentra en Cicerón, Quintiliano anima a que se produzca este certamen, "porque siempre es posible que podamos descubrir expresiones que supongan una mejora sobre las que ya se han usado, y la naturaleza no hizo a la elocuencia tan pobre y necesitada que sólo haya una expresión adecuada para cada tema"

124. Cf. Arno Reiff, *"Interpretatio, imitatio, aemulatio", Begriff und Vorstellung literarischer Abhängigkeit bei den Römern*, Inauguraldissertation Köln, K. Triltsch, Würzburg 1959, pp. 92-93; H. Lausberg, *Handbuch*, pp. 530-531; J. Cousin, *Quintilien*, Tome VI, pp. 59-60; 291-292.

125. Cf. G. Kennedy, *Quintilian*, p. 43; S. F. Bonner, *Education in Ancient Rome*, p. 106.

126. Cf. Plin. *epist.* 7,9,3 *quae legeris hactenus ut rem argumentumque teneas quasi aemulum scribere lectisque conferre ac sedulo pensitare, quid tu, quid ille commodius*; D. L. Clark, *Rhetoric in Greco-Roman Education*, pp. 174-176; A. D. Leeman-H. Pinkster, *Comm. Cic. De orat.*, p. 251.

(10,5,5 *neque semper est desperandum aliquid illis quae dicta sunt melius posse reperiri, neque adeo ieiuniam ac pauperem natura eloquentiam fecit ut una de re bene dici nisi semel non possit*). Sin mencionar a Cicerón, Quintiliano no está de acuerdo con la afirmación de Craso de que una paráfrasis de un texto latino no resulta de mucha utilidad porque las mejores expresiones para cada asunto ya han sido elegidas por el autor (*de orat.* 1, 154). Más bien al contrario, Quintiliano considera que esta dificultad puede ser *utilissima ... exercitationi* (10,5,8; cf. 10,3,4).

Es una vez más el aspecto competitivo el que desempeña un papel fundamental también en su concepto de *imitatio*[127]: para Quintiliano no es suficiente hacer lo mismo que han hecho otros, ya que "la imitación no basta por sí misma, si no por otra razón porque es signo de un espíritu indolente quedar satisfecho con lo que ha sido inventado por otros" (10,2,4 *imitatio per se ipsa non sufficit ... quia pigri est ingenii contentum esse iis quae sint ab aliis inuenta*). Sólo el deseo de ser mejores que el modelo aumentará nuestro resultado. Incluso quienes no tienen como objetivo un resultado óptimo, deberían competir con sus predecesores antes que sentirse satisfechos con seguirles (10,2,9 *contendere potius quam sequi debent*). La participación personal y activa en este proceso es la tarea del futuro orador: ya que un modelo es siempre por naturaleza mejor que la copia, el imitador ha de añadir algo que suponga su contribución particular. Sólo así se hará merecedor de elogio y el público dirá de él que "sobrepasó a los que le precedieron y sirvió de ejemplo a los que vinieron tras él" (10,2,28). Para Quintiliano, pues, una *imitatio* adulta y consciente de un modelo no significa simplemente copiarlo, ya que este tipo de *exercitatio* resulta de utilidad sólo cuando a partir de una cuidadosa lectura de *digni auctores* intentamos extraer *uerborum copia* y *uarietas figurarum* y *componendi ratio* (10,2,1) sin

127. Aunque Quintiliano trata sobre la *imitatio* como un estímulo dentro de la *exercitatio* (cf. A. D. Leeman-H. Pinkster, *Comm. Cic. De orat.*, p. 248), la considera un elemento importante de la *ars*: 10,2,1 *Neque enim dubitari potest quin artis pars magna contineatur imitatione*; cf. 2,5,1 y J. Adamietz, *Quintiliani liber III*, p. 100. Sobre el valor especial que Quintiliano atribuye a la *imitatio*, cf. G. Funke, "Der habitus des *vir bonus*", pp. 105-106; D. L. Clark, *Rhetoric in Greco-Roman Education*, p. 151-153; H. Lausberg, *Handbuch*, pp. 546-547; G. Kennedy, "An Estimate", pp. 144-145; Id; *Quintilian*, pp. 113-118; Elaine Fantham, "Imitation and Decline: Rhetorical Theory and Practice in the First Century after Christ", *Classical Philology*, 73, 1978, pp. 102-116; J. Cousin, *Quintilien*, Tome VI, pp. 57-60 y la bibliografía general sobre este concepto allí citada (pp. 290-291).

renunciar a nuestro sentido crítico; es decir, que debemos ser capaces de reconocer los defectos de nuestros modelos para poder evitarlos (10,2,15). Lo que Quintiliano quiere poner otra vez de relieve es la necesidad de la participación activa del imitador, que sólo practicando la imitación *exactissimo iudicio* (10,2,14; cf. 10,2,3; 2,5,26) se beneficiará de ella. Pero no sólo la imitación: cualquier tipo de ejercicio resultará de utilidad sólo si se practica con *iudicium*, según nos recuerda Quintiliano con mucha frecuencia. Justo después de decir que "un abundante suministro de palabras y de temas" debe acumularse *uelut opes ... quaedam* para usarlo cuando sea necesario (10,1,5), nos dice que esta *copia* ha de administrarse *cum iudicio* si pretendemos obtener una auténtica *uis orandi* y no la volubilidad de un charlatán (10,1,8). Así debemos recurrir al *iudicium* también cuando leamos, porque leer es el primer paso para la imitación (10,1,17-19), y también al escribir, porque si queremos alcanzar los mejores resultados no podemos conformarnos con cualquier cosa que nos salga, sino que "tenemos que seleccionar tanto las ideas como las palabras y sopesarlas de una en una (10,3,5 *dilectus ... rerum uerborumque agendus est et pondera singulorum examinanda*). La última consecuencia del uso del *iudicium* cuando escribimos es la *emendatio* de nuestra propia composición: es muy habitual que nos guste lo que acabamos de escribir, pero hemos de tener cuidado de no dejarnos desviar por el cariño que tenemos hacia nuestros escritos como si fueran un niño recién nacido (10,4,2). *Redeamus ad iudicium*, dice Quintiliano, y *retractemus suspectam facilitatem* (10,3,7). Aquí tenemos que prestar atención a varios elementos importantes. El primero es la recomendación de Quintiliano de revisar lo que escribimos y corregirlo sólo depués de que haya transcurrido un tiempo, porque sólo entonces nuestro juicio puede ser imparcial (10,4,2). Es fácil reconocer aquí la influencia de Horacio y su *Ars poetica* (388) [128], que el propio Quintiliano cita en su carta a Trifón en la que se disculpa por haber publicado todavía su obra sobre el arte de la retórica: *usus Horati consilio qui in arte poetica suadet ne praecipitetur editio "nonumque prematur in annum" dabam his otium ut refrigerato inuentionis amore diligentius repetitos tamquam lector perpenderem*

128. Cf. Ch. O. Brink, *Horace on Poetry*, pp. 383-384.

[129]. Quintiliano, sin embargo, es plenamente consciente de la diferencia entre un orador y un poeta, y le recuerda al alumno la necesidad de que el orador escriba con fines inmediatos, y por lo tanto de lo limitado del tiempo del que dispone, que no operaría a su favor si se retrasa en exceso (10,4,4 *cuius nullum erit si tam tardum fuerit auxilium*).

Otro aspecto interesante es que las tres vías que Quintiliano propone para la *emendatio*, a saber, *adicere*, *detrahere* y *mutare* representan también una aplicación al contenido de tres de las cuatro categorías estoicas (*adiectio, detractio, immutatio, transmutatio*) que habitualmente relacionamos con la doctrina de la *elocutio*[130]. Sin embargo, Quintiliano llama la atención sobre el hecho de que es más fácil corregir el estilo que el contenido. Por eso los que escriben *ex tempore*, siguiendo el *calor* y el *impetus* de su imaginación, con la intención de volver más tarde a *componere* lo que *effuderant*, sólo pueden corregir las palabras y el ritmo, pero en el contenido persistirá la *leuitas* de la primera versión: 10,3,17 *uerba emendantur et numeri, manet in rebus temere congestis quae fuit leuitas*. La *emendatio*, a juicio de Quintiliano, desempeña sólo un papel de acabado (10,4,4 *opus poliat lima, non exterat*); su recomendación, por tanto, es escribir desde el principio de manera que sólo se necesite *caelare*, no *ex integro fabricare* (10,3,18). Llegados a este punto, hemos de prestar especial atención para no confundir esta actividad de pulido con el fructífero ejercicio de dar diferentes formas a nuestra composición (10,5,.9), y por otro lado hemos de tener presente la diferencia entre escribir *ex tempore* y hablar *ex tempore*, que es el objetivo que persigue la *exercitatio*. A Quintiliano le preocupa especialmente explicar que la *exercitatio* de la escritura en ningún modo se limita a una

129. Quint. praef. 2 "siguiendo, además, la recomendación de Horacio, que, en *Ars poetica* advierte de que no se debe apresurar la publicación de una obra y de que hay que retenerla hasta el noveno año, me concedí mi tiempo para sopesarla, de manera que, cuando el ardor de la novedad se haya enfriado, pueda yo juzgarla con más cuidado, como un lector cualquiera."

130. Sobre esta *quadripertita ratio* (Quint. *inst.* 1,5,38), que está en la base de la teoría del *ornatus* (Wolfram Ax, "*Quadripertita ratio*: Bemerkumgen zur Geschichte eines aktuellen Kategoriensystems (Adiectio, Detractio, Transmutatio, Inmutatio)", en *Historiographia Linguistica* 13, 1986, 191-214), cf. el conocidísmo estudio de K. Barwick, "Probleme der stoischen Sprachlehre und Rhetorik", *Abhandlungen der sächsischen Akademie der Wissenschaften zu Leipzig*, Phil.-hist. Kl., Bd. 39, Hf. 3, Akademie Verlag, Berlin 1957, pp. 97-110 y H. Lausberg, *Handbuch*, pp. 250-254. La *quadripertita ratio* se desarrolló en la escuela peripatética a partir de la μεταβολή que ya aparace en Aristóteles (*Phys.* 224a 21-226b 17).

simple actividad mecánica: no se trata de la ἄλογος τριβή ante la que nos hallamos cuando la *manus in scribendo decurrit* (10,7,11). Sólo escribiremos más y más rápidamente si combinamos la *exercitatio* con la facultad racional de considerar "lo que requieren las circunstancias del caso, lo que resulta apropiado para los personajes implicados, cuál es la naturaleza del momento y el carácter del juez" (10,3,15 *quid res poscat, quid personam deceat, quod sit tempus, qui iudicis animus*). Cuando mejor se aprecia esta facultad es al escribir sobre un asunto muy sencillo, mientras que si tenemos muchas *personae, causae, tempora, loci, dicta* y *facta* nuestra debilidad fácilmente pasa desapercibida, porque lo que escribimos siempre puede ser apropiado para alguno de ellos (10,5,10).

Quintiliano atribuye una enorme importancia a este componente intelectual de la *exercitatio*. De hecho, la meditación no sólo es la base para escribir (10,3,6; 10,3,15), sino que a veces puede ser su sustituta, porque "no podemos escribir en cualquier lugar y en cualquier ocasión, pero siempre hay tiempo y espacio para pensar" (10,6,1 *Nam scribere non ubique nec semper possumus, cogitationi temporis ac loci plurimum est*). Quintiliano nos recuerda que es algo que podemos hacer en cualquier momento, incluso *in turba, itinere, conuiuiis* (10,3,30) o *quotiens intermissus est somnus* o *inter medios rerum actus* (10,6,1). Aunque en el *De oratore* de Cicerón también Craso defiende la utilidad de la meditación para hablar *paratius atque accuratius* (1,150) y Antonio recomienda no hacerlo al mismo tiempo que hablamos para obtener los mejores resultados (2,103), Quintiliano enfatiza su función. Desde su punto de vista, la *cogitatio* no sólo está a mitad de camino entre escribir y hablar *ex tempore* (10,6,1 *cogitatio ... quae ... est inter scribendi laborem et extemporalem fortunam media quaedam*), sino que también está en relación recíproca con la memoria, porque la meditación necesita la ayuda de la memoria y la memoria, a su vez, se beneficia de ella. Resulta más fácil, dice Quintiliano, recordar incluso un discurso entero cuando sólo ha sido concebido mentalmente porque "la memoria retiene mejor las ideas cuando la atención no se ha relajado por la seguridad que deriva de haberlas confiado a la escritura" (10,6,2). Nos encontramos aquí, como Peterson y Cousin han señalado con razón en sus comentarios [131], ante una

131. Cf. W. Peterson, *M. Fabi Quintiliani instituionis oratoriae liber decimus. A revised text with*

evidente alusión al *Fedro* de Platón (274 ss.), donde se dice que la escritura conduce a las almas hacia el olvido porque dejan de practicar con la memoria (cf. 11,2,9). Sin embargo, es importante señalar que precisamente por esta relación con la memoria Quintiliano considera la *uis meditandi* (10,6,2) una habilidad que sólo podemos alcanzar gradualmente y sólo *exercitatione multa* (10,6,3). Pero a pesar del importantísimo papel que la *exercitatio* desempeña en los éxitos retóricos, Quintiliano advierte al futuro orador de que no la utilice como la única guía cuando tenga que pronunciar un discurso. Todo aquel que practique este ejercicio, pues, debe tener cuidado de hacerlo de tal manera que pueda *et digredi ex eo et redire inid facile* (10,6,5). Esto quiere decir que el orador debe ser capaz de dejar espacio suficiente para cierta improvisación incluso en un discurso muy meditado, porque "si, con todo, algún elemento brillante de improvisación nos viniera a la mente mientras hablamos, no tenemos por qué aferrarnos supersticiosamente a nuestro esquema previsto" (10,6,5 *si forte aliqui inter dicendum offulserit extemporalis color, non superstitiose cogitatis demum est inhaerendum*; cf. 10,6,6).

Tenemos aquí ante nosotros la compleja relación entre *cogitatio* y *facultas* de hablar *ex tempore*. Aunque compiten entre sí (10,7,19), se trata, a juicio de Quintiliano, de facultades complementarias que, de estar bien equilibradas, proporcionarán al orador el mayor de los éxitos. El antiguo conflicto entre improvisación y preparación que muchos siglos antes de Quintiliano ya había tratado Alcimadante en su obra Περὶ τῶν τοὺς γραπτοὺς λόγους γραφόντων ἤ περὶ σοφιστῶν (Radermacher, *Artium scriptores*, Viena 1951, 135 ss.) aparece de nuevo en un mundo diferente, en el que la *audacia extemporalis* encuentra lugar y recibe elogios (cf. Tac. *dial.* 6,6). Quintiliano, un "Kind seiner Zeit", como Leeman y Pinkster lo definen en su comentario al *De oratore* de Cicerón [132], puede entonces zanjar la cuestión con un compromiso. Al unir *cogitatio* y *facilitas extemporalis* lo que hace es permitir que la improvisación sea una habilidad que el orador pueda usar sólo cuando sea necesario, lo que resulta del todo coherente con su afirmación de que *neque ego hoc ago, ut ex tempore dicere malit, sed ut possit* (10,7,4). Sin

---

introductory essays, critical and explanatory notes and a facsimile of the Harleian ms. by W. Peterson, Olms, Hildesheim 1967, p. 168: J. Cousin, *Quintilien*, Tome VI, p. 209.

132. Cf. A. D. Leeman-H. Pinkster, *Comm. Cic. De orat.*, p. 253.

embargo, esta improvisación no es la improvisación impúdica de los *declamatores*, a los que su *peruersa ambitio* impulsa a hablar inmediatamente *exposita controuersia* o incluso con ademanes teatrales pidiendo *uerbum ... quo incipiant* (10,7,21). Quintiliano, el viejo maestro de escuela, no lo podría tolerar. La *facilitas extemporalis* que pretende que sea el objetivo final del futuro orador es el resultado de una dura *exercitatio* diaria, que prolongará la práctica de la escuela fuera de la escuela.

VI Plinio el joven entre la práctica judicial y la elocuencia epidíctica

Gualtiero Calboli

El problema que aquí se plantea, o al menos un aspecto del problema, es, esencialmente, este: ¿cuál fue la relación entre la práctica judicial del gran abogado C. Plinio Cecilio Segundo y su oratoria epidíctica? Sin embargo, mientras que de la oratoria epidíctica de Plinio tenemos un documento claro y cierto en el *Panegírico de Trajano*, que es la reelaboración de la *gratiarum actio* pronunciada a principios de septiembre del año 100 (¡hace ya 1900 años!), no nos ha quedado nada de las *orationes* del foro, que también debieron granjear a Plinio gloria considerable [133], y de las que sólo algunos aspectos pueden reconstruirse sobre la base de lo que el propio Plinio nos dice en su correspondencia.

Además, otra puerta cerrada o casi cerrada impide el paso a quienes quieren avanzar por este camino. La oratoria judicial de Plinio, en la forma en que realmente la puso en práctica en el foro, probablemente no consistía en las *orationes*, es decir, la versión elaborada, corregida y publicada, sino en las *actiones* que realmente fueron pronunciadas. Estas *actiones* eran sin duda bastante más breves, porque la moda del tiempo era favorable a la *brevitas* y las *actiones* podían tener la duración de media clepsidra:

(1) Plin. *epist.* 6, 2, 5 *increbruit passim et invaluit consuetudo binas vel singulas clepsydras, interdum, etiam dimidias et dandi et petendi. Nam et qui dicunt, egisse malunt quam agere, et qui audiunt, finire quam iudicare.*[134]

---

133. Según la opinión de Giusto Picone, *L'eloquenza di Plinio*, p. 120 ss., por mencionar tan sólo al último estudioso que se ha ocupado de la cuestión.

134. F. Trisoglio, "La personalità di Plinio il Giovane", p. 228 ss., subraya la concisión de Plinio, pero no busca el origen de dicha concisión, que considera mérito de Plinio: "La concisione, in innumerevoli casi sfiora il tono epigrafico [...]: questo va considerato come un suo notevole merito personale, in quanto l'abitudine delle *declamationes* non lo doveva favorire molto, ed è anche una prova in favore della sua originalità artistica giacchè si diversifica nettamente dall'esempio di Cicerone, suo riconosciuto modello." Sobre el pasaje de Plinio (*epist.* 6, 2, 5) citado un poco más abajo, cf. A. N. Sherwin-White, *Commentary*, p. 357, donde se pueden encontrar paralelismos en Plinio mismo sobre la duración del proceso.

Es bien sabido que se atribuía a esta *brevitas*, o, mejor dicho, a la necesidad de dicha *brevitas*, el cambio del gusto retórico en Roma; tal es el caso del orador Apro en el *Dialogus de oratoribus*:

(2) Tac. *dial.* 19, 8 *novis et exquisitis eloquentiae itineribus opus est, per quae orator fastidium aurium effugiat, utique apud eos iudices, qui ui et potestate, non iure et legibus cognoscunt, nec accipiunt tempora, sed constituunt, nec expectandum habent oratorem, dum illi libeat de ipso megotio dicere, sed saepe ultro admonent atque alio transgredientem revocant et festinare se testantur.* [135]

Pero, por otro lado, el orador Apro critica severamente a los neoáticos porque son secos y concisos (*dial.* 21, 1-7) y, como con razón ha observado A. Michel (*Le "Dialogue des orateurs" de Tacite*, p. 179), Apro adopta aquí la postura de Cicerón hacia los neoáticos. En concreto, la censura de Apro se dirige contra el orador Calvo, al que ya no lee nadie porque le faltan *vires*:

(3) Tac. *dial.* 21, 1-2 *ipse mihi Calvus, cum unum et viginti, ut puto, libros reliquerit, vix in una aut altera oratiuncula sarisfacit* [...], *ut scias ipsum quoque Calvum intellexisse quid melius esset, nec voluntatem ei, quo minus sublimius et cultius diceret, sed ingenium ac vires defuisse.*

Janet Fairweather (*Seneca the Elder*, p. 93-103) ha intentado demostrar, sin prestar la debida atención a este pasaje del *Diálogo de los oradores*, que Calvo también tenía fuerza y, por lo tanto, que la imagen ciceroniana de los

---

135. Cf. A Gudeman, *P. Cornelii Taciti, Dialogus de oratoribus*, p. 329 ss. Este estudioso trata este asunto esterchamente unido al principio de *frenos imponere linguae* (Publil. F 31), cuestión que se remonta hasta Aesch. *Agam.* 1036 χαλινὸν δ' οὐκ ἐπίσταται φέρειν, y remite a otros ejemplos en Plinio el joven: *epist.* 1, 20, 10; 2, 11, 14 *nam XII clepsydris quas spatiosissimas acceperam, sunt additae quattuor*; 4, 9, 9; 2, 7. La observación de Gudeman a este respecto es de suma importancia: "Aus disesen Stellen ergibt sich die weitere Tatsache, dass, wenn es den Richtern trotz der gesetzlich festgesetzten Redefristen gestattet war, die Zeit auf Wunsch zu verlängern, es auch in ihrer Macht lag, diese unter Umständen zu verkürzen, ohne damit gegen den Geist des Gesetzes zu verstössen; und diese Bewegungsfreiheit ist es, die durch die Worte *qui vi ... cognoscunt* bezeichnet werden soll." Sobre el problema de la *brevitas* en el *Diálogo de los oradores*, cf. también A. Michel, *Le "Dialogue des orateurs" de Tacite*, p. 178-180, que no sólo pone de relieve el empleo de la *brevitas*, sino que subraya la relación entre la *brevitas* y la sequedad de estilo del género neoático. El orador Apro critica a los aticistas: "Su estilo seco es sin duda conciso. Pero se queda muy lejos de lo sublime y de la búsqueda poética" (p. 179).

aticistas caracterizados por la *exilitas* es "injustificable". Pero en este pasaje del Diálogo que citamos hay una respuesta muy explícita a esta opinión e incluso al hecho de que el discurso de Calvo *In Vatinium* era muy vehemente: "aquí Calvo –se lee en el *Diálogo*– demostró que conocía la buena elocuencia, pero no logró alcanzarla por falta de *ingenium* y de *vires*" [136]. Creo por eso que el aticismo se caracterizaba por su *exilitas*, y acepto sin reservas la observación de A. Michel. Pero volvamos a Plinio el joven, retomando el asunto de la elaboración de las *actiones*.

Sin duda en sus reelaboraciones posteriores, Plinio añadió material nuevo, según él mismo nos indica en varias ocasiones:

(4) a. Plin. *epist.* 3, 18, 1-3 (sobre la reelaboración del Panegírico) *quod ego in senatu cum ad rationem et loci et temporis ex more fecissem, bono civi convenientissimum credidi eadem illa spatiosius et uberius volumine amplecti, primum ut imperatori nostro virtutes suae veris laudibus commendarentur, deinde ut futuri principis non quasi a magistro, sed tamen sub exemplo praemonerentur, qua potissimum via possent ad eandem gloriam niti.*

b. 7, 17, 5 *Supervacuum tamen est recitare, quae dixeris. Etiam, si eadem omnia, si isdem omnibus, si statim recites. Si vero multa inseras, multa commutes, si quosdam novos, quosdam eosdem, sed post tempus adsumas, cur minus probabilis sit causa recitandi quae dixeris, quam edendi?*

c. 9, 28, 5 *Tertia epistula continebat esse tibi reditam orationem pro Clario eamque visam uberiorem, quam dicente me, audiente te, fuerit. Est uberior; multa enim post inserui.*

---

136. Con respecto a Calvo, se han buscado diversas explicaciones sobre la diferencia que se observa entre los testimonios de Cicerón (*Brut.* 283 ss.) y los de Séneca (*contr.* 7, 4, 6-8), entre un Calvo aticista, caracterizado por su *exilitas* (Cic. *Brut.* 284 *Atticum se* [...] *Calvus noster dici oratorem volebat: inde erat ista exilitas quam ille de industria consequebatur*) y un Calvo lleno de fuerza (Sen. *contr.* 7, 4, 8 *compositio quoque eius in actionibus ad exemplum Demosthenis viget: nihil in illa placidum, nihil lene est, omnia excitata et fluitantia*, y cf. también Quint. *inst.* 10, 1, 115, según el cual la *oratio* de Calvus era *sancta et gravis* [...] *et castigata et frequenter vehemens quoque*). Estas explicaciones las ha recogido W. D. Lebek, *Verba Prisca*, p. 88-90 (a lo que hay que añadir A. Desmouliez, *Cicéron et son goût*, p. 177, que cree que a Calvo le faltaba, según Cicerón, "intensidad agonística", lo que implica no tener en cuenta en absoluto el testimonio de Séneca). Por su parte, M Lebek (*Verba Prisca*, p. 89-97) piensa en distintas tendencias del aticismo y en un aticismo (el de Calvo) en el que se practicaba la imitación de Demóstenes. De este modo podría explicarse la elo-

En efecto, Plinio el joven era manifiestamente favorable a la *amplitudo*. Pier Vincenzo Cova (*La critica letteraria di Plinio il Giovane*, p. 18-25) ha recopilado el material relativo a este asunto y ha añadido observaciones adecuadas. Así es como uno puede explicarse una afirmación como esta:

(5) Plin. *epist.* 1, 20, 4 (se trata de un pasaje de la famosa carta sobre la *brevitas* dirigida a Tácito) *Hic ille mecum auctoritatibus agit ac mihi ex Graecis orationes Lysiae ostentat, ex nostris Gracchorum Catonisque, quorum sane plurimae sunt circumcisae et breves: ego Lysiae Demosthenen, Aeschinen, Hyperiden multosque praeterea, Gracchis et Catoni Pollionem, Caesarem, Caelium, in primis M. Tullium oppono, cuius oratio optima fertur esse, quae, maxima. Et hercule, ut aliae bonae res, ita bonus liber melior est quisque, quo maior.*

Además, Cova (p. 20) ha mostrado que los adjetivos con los que Plinio realiza el elogio de obras diversas contienen con mucha frecuencia la idea de abundancia: en efecto, los adjetivos utilizados son *copiosus*, *fluens*, *diffusus*, *laetus*, *luculentus* y otros por el estilo.

Así pues, queda bastante claro que a Plinio el Joven le gustaba la dicción copiosa y se puede entender sin problema que enriqueciera durante el trabajo de redacción de sus *orationes* las *actiones* que, siguiendo la regla de la *brevitas* que dominaba el foro, le resultaban demasiado cortas. Pero es justamente en este análisis de su hábito de composición donde encontramos un detalle de importancia capital. Precisamente del parágrafo 10 de la carta 1, 20 se deduce que era la *oratio*, y no la *actio*, lo que para Plinio era el arquetipo del discurso:

---

cuencia enérgica de Calvo (según Séneca y Quintiliano). Sin embargo, W. D. Lebek no puede dar explicación satisfactoria a la observación de Cicerón (*Brut.* 284 *Atticum se* [...] *Calvus noster eqs.*), según la cual Calvo era *exilis*; la imitación de Demóstenes ya se había indicado en *Brut.* 289 ss. *"Demosthenem igitur imitemur"* (aunque aquí sin referencia alguna a Calvo). Creo que esta explicación es muy sugerente, pero se opone demasiado al testimonio de Cicerón. Quizá A. D. Leeman esté más en lo cierto cuando piensa en un aticismo puro (una primera fase del aticismo) para Calvo (A. D. Leeman, "Le genre et le style historique à Rome", p. 201). La datación concuerda con esta interpretación. La explicación de la estudiosa A.-M. Guillemin (*Plinie et la vie littéraire de son temps*, p. 93, 95) es que Calvo, en su juventud, era un imitador de Demóstenes y tenía una violencia contraria a la serenidad ática, pero que hacia el final de su vida se había convertido en un aticista exagerado. Explicación de indudable atractivo, pero que no encuentra apoyo en los textos. Una nueva explicación del problema 'Calvo' en G. Calboli, " Seneca il Retore tra oratoria e retorica".

(6) Plin. *epist.* 1, 20, 10 *sequitur ergo, ut actio sit absolutissima, quae maxime orationis similitudinem expresserit, si modo iustum et debitum tempus accipiat.*

Se puede, por tanto, pensar que la elaboración posterior de Plinio ha modificado profundamente la forma de la *actio* primitiva, y que no ha hecho más que enriquecer el contenido preexistente. Muy probablemente, la propia forma lingüística de la *actio* ha resultado modificada, y se podría intentar seguir el procedimiento utilizado. En todo caso, como con el *Panegírico de Trajano*, ha habido con seguridad una reelaboración posterior para su publicación. Nos encontramos así ante uno de los elementos que dan importancia a la relación entre la práctica judicial de las *actiones* y de las *orationes* y la elocuencia epidíctica del *Panegírico de Trajano*, y es precisamente la técnica de elaboración seguida para pasar de las *actiones* a las *orationes* lo que, al menos en parte, se ha tenido que utilizar para pasar de la *gratiarum actio* al *Panegírico* en la forma en la que lo conservamos. Este trabajo de Plinio sobre el *Panegírico* ha sido ya ampliamente estudiado con métodos muy precisos. Una breve presentación de estos estudios nos la ha proporcionado G. Picone en su reciente trabajo sobre la elocuencia de Plinio el Joven (G. Picone, *L'eloquenza di Plinio*, p. 131-139). Veamos, pues, de modo inevitablemente rápido, cómo Plinio, que leía sus textos a un reducido círculo de amigos y de especialistas, pudo haber procedido en la elaboración posterior de la forma lingüística de sus discursos y, a nuestro juicio, también del *Panegírico*. Sesto Prete (*Saggi Pliniani*, p. 37-50), al tratar la elocuencia de Plinio ha vuelto, sin duda muy oportunamente, sobre los tres principos característicos de la prosa de Plinio que Eduard Norden (*Kunstprosa*, p. 319 ss.) ya puso de relieve; los principios de Norden son los siguientes. (1) "Er –Plinio– liebte erstens das Volle, ja bis zum Übermass Volle"; (2) "Er liebte zweitens die zierlich geputzte Diktion"; (3) "Drittens hat er Vergnügen an scharf zugespitzten Sentenzen". Prete confirma a continuación con ejemplos estos principios o tendencias propuestos por Norden. Pero, a nuestro juicio, ha de añadirse aquí una precisión importante. Las sentencias que Norden califica con toda razón de "scharf zugespitzte", ¿de qué manera se conciben y se construyen? Basta con que observemos algunos ejemplos de *sententiae* que el propio Plinio considera de gran mérito oratorio (*epist.* 1, 16, 2 *adsunt aptae crebraeque sententiae, gravis et decora constructio, sonantia verba et antiqua*). Si consideramos las *sententiae* que Norden aporta (p. 320 ss.), esto es lo que encontramos: en *epist.* 4, 11, 3 Plinio cita una sentencia de Valerio Liciniano: *quos tibi, Fortuna ludos facit? facis enim ex senatoribus professores, ex professoribus senatores*, sentencia que él parafrasea en *epist.* 4, 11, 2: *nunc eo decidit, ut exsul de senatore, rhetor de oratore fieret*, y que comenta justo después de haber referido las mismas palabras de Liciniano, *epist.* 4, 11, 3 *cui sententiae tantum bilis, tantum amaritudinis inest, ut mihi videatur ideo professus, ut hoc diceret*. Otros ejemplos en el *Panegírico*:

(7) a. Plin. *Paneg.* 17 *non ideo vicisse videris, ut triumphares, sed triumphare quia vicisti;*
b. 21 *soli omnium contigit tibi, ut pater patriae esses antequam fieres.*

A.-M. Guillemin (*Pline et la vie littéraire de son temps*, p. 146-152) ha explicado de manera muy pertinente este fenómeno al reconocer en el poeta Marcial el modelo de Plinio. La brevedad de Plinio encuentra correspondencia en la doctrina de Marcial (y Plinio era de hecho amigo de Marcial, cf. *epist.* 3, 31). Esta estudiosa dice al respecto, con razón (p. 150): "c'est dans les courts billets, demande de nouvelles, remerciement, annonce d'une arrivée, invitation, etc... que triomphe la brieveté. Avec la pointe finale, elle fait le seul ornement de ces petits morceaux qui sont de véritables épigrammes en prose." El expediente más destacable de la construcción lingüística de Plinio, a nuestro juicio, consiste en el recurso a las figuras gorgianas más frecuentes, pero el elemento fundamental de tal construcción es sin duda la búsqueda de la punta final, de lo chocante, y lo consigue muy a menudo, porque vuelve, con una pequeña variación (obtenida por el uso de las figuras gorgianas) sobre lo que acaba de decirse. Sólo queda por añadir que este procedimiento concuerda con la brevedad y con la necesidad de impresionar con pocas palabras (la práctica del foro). Hay que decir a este respecto que esta tendencia se suma a la moda arcaizante de la época de valorar las palabras que quedaban aisladas gracias a juegos de palabras que, apoyándose en la semejanza de los términos, ponían de relieve a los propios términos. El paralelismo sintáctico que observa Hannah Rosén, del que nos ocupamos a continuación, casa muy bien con este aspecto. En efecto, esta estudiosa (Hannah y Haiim Rosén, *On Moods and Tenses of the Latin Verb*,

p. 27-48) ha analizado varias cartas de Plinio y ha deducido sobre ellas con agudeza que este autor realiza un uso poco frecuente del imperfecto de indicativo y que prefiere el perfecto, es decir, que prefiere progresar en la narración mediante proposiciones que indican hechos ya ocurridos y que son como "flashes" al desarrollo ligado de la misma (por ejemplo, *epist.* 2, 1, 18 *ille mihi tutor relictus adfectum parentis exhibuit. Sic candidatum me suffragio ornauit, sic ad omnes honores meos* [...] *accucurrit*). Un examen atento de la carta 7, 27 (la conocida historia de un fantasma que se aparecía en la casa de Atenodoro en Atenas) muestra que Plinio ha utilizado cuidadosamente los tiempos, que se distribuyen de manera compacta: imperfecto (§§ 5-6); presente (§§ 7-8); después, una serie de infinitivos históricos (§ 8), y tras ello imperfecto y presente juntos (§§ 9-10); después presente y al final, un perfecto. Pero lo que nos interesa es la conclusión sintáctica de H. Rosén (p. 48): "Resulta todavía más evidente que Plinio usa el cambio de tiempo como medio principal de estructuración y de organización de su relato, y hay que subrayar el uso limitado de las conjunciones y de otros medios de unión sintáctica, lo que, por supuesto, priva a las secuencias asindéticas así resultantes de su valor de articulación, un medio de articulación sintáctica que, por el contrario, está muy presente en el estilo de Cicerón" [137]. La imagen de la prosa de Plinio es, pues, la de un escritor que utiliza proposiciones completas unidas entre sí más por la sucesión de tiempos que por el empleo de nexos de subordinación, la de un estilo que progresa sobre todo mediante "flashes" breves pero acabados en sí mismos. La opinión de Norden resulta así confirmada y precisada con mayor detalle todavía. Todo ocurre como si la construcción debiera presentar textos ya terminados, pero siempre susceptibles de ampliación mediante la introducción de nuevas proposiciones o de partes de proposiciones que no aportaran modificación alguna a la estructura precedente. ¿Se trata de un efecto del aticismo? ¿O simplemente de esa atención más orientada hacia el vocabulario que distingue la prosa de Cicerón, rica en subordinación, de la prosa de los aticistas, más preocupados por el léxico?

137. También Marcel Durry observa (Pline le Jeune, *Panégyrique de Trajan*, p. 47-49) que la sintaxis del *Panegírico* es "poco original", mientras que las figuras estilísticas son muy abundantes: "quiasmos muy eruditos", anáforas y, sobre todo, antítesis. "Si uno quisiera poner ejemplos de antítesis, se vería obligado a reproducir la mitad del discurso, e incluso algo más".

Ciertamente, el interés por el léxico es un fenómeno tanto del aticismo como del arcaísmo[138], y es natural que el estilo de Plinio esté unido al propio de su tiempo. Pero no creo que sea fácil situar dentro del aticismo este estilo tan rico y lleno de *amplitudo*. Pienso sobre todo en la *brevitas* de las *actiones*. En efecto, si volvemos ahora al punto del que empezamos, esto es, a la cuestión de saber cómo Plinio pudo proceder para transformar las *actiones* en *orationes*, podemos pensar que las proposiciones de las *actiones* estaban terminadas en sí mismas, pero de tal manera que podían enriquecerse sin demasiada dificultad. No olvidemos que a Plinio el joven le gustaban los significados completos, y que la actio, aun siendo más breve, tiene su arquetipo en la *oratio* y ha de estar predispuesta a la ampliación. Los adjetivos y los juegos de sustantivos resultaban de gran utilidad para ampliar las proposiciones ya completas en su significado: Plinio es muy hábil y variado en el uso de estas formas y nos dice, él mismo, en una breve carta a Tácito, que es consciente de haberse excedido en la construcción de un hipérbaton demasiado complicado, basado en un cambio del orden de los sustantivos:

(8) Plin. *epist.* 8, 7, 1-2 *Neque ut magistro magister neque ut discipulo discipulus (sic enim scribis), sed ut discipulo magister (nam tu magister, ego contra; atque adeo tu in scholam revocas, ego adhuc Saturnalia extendo) librum misisti. Num potui longius hyperbaton facere atque hoc ipso probare eum esse me, qui non modo magister tuus, sed ne discipulus quidem debeam dici?*

---

138. Sobre esta tendencia del arcaísmo en general, cf. W. D. Lebek, *Verba Prisca*, p. 23 ss., que pone de relieve cómo en la teoría retórica se encuentran solamente arcaísmos léxicos ("Wortarchaismen": "Die Rhetorik befat sich mit Archaismen praktisch ausschliesslich innerhalb der Lehre vom *delectus verborum*), y A. Pennacini, *La funzione dell'arcaismo*, p. 6-15; y, para lo relativo a la época más próxima a Plinio, cf. el hermoso capítulo de Pennacini dedicado a Frontón (p. 97-165), especialmente lo que dice en la p. 98 ("Sia Cicerone sia Quintiliano collocano le loro considerazioni e definiscono le loro posizioni sull'impiego degli arcaismi e dei neologismi nelle trattazioni dell'*ornatus in singulis verbis positus*" –se trata de Cic. *de orat.* 3, 152 y Quint. *inst.* 8, 3, 15.) La obra de R. Marache, *La critîque littéraire*, p. 73-76, sigue siendo fundamental. Marache (p. 110 ss.) resalta claramente la diferencia entre aticismo griego y arcaísmo latino, pero reconoce que "no por ello se puede pretender que el arcaísmo latino no tenga ninguna relación con el aticismo griego"; dice, además, respecto a lo que nos ocupa: "El aticismo griego pudo animar a los frontonianos en su gusto por el término extraño"; véase también G. Kennedy, *The Art of Rhetoric in the Roman World*, p. 591 ss. y A. D. Leeman, *Orationis ratio*, p. 506.

La interpretación de Sherwin-White (*Commentary*, p. 456) a este respecto me parece muy probable: se trataría de una defensa del tono más osado de la carta 7, 20, a la que Tácito no había respondido muy calurosamente, sino más bien con modestia. Pero resulta interesante observar cómo Plinio consigue jugar con la lengua, respondiendo de manera muy educada, pero también muy hábil: si el hipérbaton está conseguido, Plinio tiene razón; si no está conseguido, también es Plinio el que tiene razón al declararse inferior a Tácito. Pero sobre todo si tenemos en cuenta lo que Plinio había dicho en la carta 7, 20, a saber, que Tácito y él estaban unidos *concordia, simplicitate, fine* y también en la reputación futura, encontramos la confirmación de la habilidad y la distinción de Plinio, esa distinción de gran señor en la que con toda razón ha insistido Francesco Trisoglio (La personalità di Plinio il Giovane, p. 244-259). Lo que a Plinio le importaba era ser relacionado con Tácito, y no es del todo importante si él es el segundo en esa pareja destinada a la gloria futura. Y consiguió de sobra alcanzar su objetivo.

Así pues, la habilidad de Plinio en el uso de los adjetivos y de los sustantivos le permitía construir de manera completa los discursos a partir de las *actiones* sin necesidad de recurrir en exceso a la subordinación (lo que habría multiplicado los elementos lingüísticos y habría hecho más difícil la introducción de partes nuevas), y le permitía también enriquecer las *orationes* añadiendo adjetivos, sustantivos y otras proposiciones de diverso alcance en forma de *sententiae*. La necesidad de rapidez de la elocuencia del foro se satisfacía así mediante la concentración en el sujeto (*epist.* 5, 6, 42 *sciat* [...], *si materiae immoratur, non esse longum, longissimum, si aliquid arcessit atque adtrahit*). Todo esto, quizá unido a una cierta sobriedad ática, proporcionaba un tejido lingüístico que después resultaba ampliado mediante el mismo procedimiento. Con lo que tenemos, creo yo, una influencia importante de la práctica judicial del foro, con su brevedad, sobre el estilo de Plinio. Por supuesto, también la *gratiarum actio*, el *Panegírico de Trajano*, fue ampliamente manipulado, a nuestro juicio, de la misma manera. Resultará interesante comprobar si las partes que, según los estudios de Mesk, fueron introducidas durante la reelaboración para la publicación, también presentan estas características lingüísticas (véase Josef Mesk, "Die Überarbeitung des Plinianischen *Panegyricus auf Trajan*", *Wiener Studien*, 32, 1910, 239-260). Hay que advertir, sin embargo, que la teoría de Mesk, basada en la coincidencia o discoincidencia con el λόγος βασιλικός del rétor Menandro, presenta en sí misma ciertas incertidumbres. Recientemente G. Picone (*L'eloquenza di Plinio*, p. 131-139) ha rechazado la relación con la doctrina que más tarde se encontrará en·Menandro y, por el contrario, ha puesto en evidencia la relación con la doctrina de Quintiliano sobre la elocuencia epidíctica (Quint. *inst.* 3, 7, 10-18) y con la influencia ejercida por el *Pro Marcello* de Cicerón y el *De clementia* de Séneca, esto es, por los precedentes literarios y por la doctrina retórica; y, sobre todo, ha concedido una importancia capital a la práctica judicial de Plinio: "Questa condizione d'incertezza", escribe Picone en la p. 136, "dovuta in parte al rifiuto dei canoni assoluti delle scuole che, mentre garantisce la libertà dell'artista, lo priva per contro de conforto di punti di riferimento prestabiliti, nasce principalmente dallo *habitus* mentale di Plinio, che rimane quello dell'avvocato, avvezzo a misurare la riuscita di una arringa sul metro del successo riscosso presso gli ascoltatori [se trata de la incertidumbre que impulsaba a Plinio a pedir opinión a sus amigos]. Perciò egli mediante la *recitatio* delle sue orazioni si crea un pubblico che gli fornisca un riscontro oggettivo, anche a costo di esporsi alle critiche di quanti sono contrari a tale innovazione. La lettura dinanzi a un folto gruppo di intenditori è solo l'ultimo stadio, quello decisivo, di un lungo procedimento". En efecto, Plinio dice en la carta 7, 17, 7:

(9) Plin. *epist.* 7, 17, 7 *nullum emendandi genus omitto. Ac primum, quae scripsi, mecum ipse pertracto; deinde duobus aut tribus lego; mox aliis trado adnotanda notasque eorum, si dubito, cum uno rursus aut altero pensito; novissime pluribus recito ac, si quid mihi credis, tunc acerrime emendo. Nam tanto diligentius quanto sollicitius intendo.*

Creo que la opinión de Picone acierta en lo esencial a este respecto, pero sólo a este respecto, a saber, que la práctica judicial de Plinio el joven y su necesidad de complacer a todos le impulsaban a elaborar textos que estaban hechos de varias piezas ya terminadas en sí mismas pero de tal manera que podían resistir un procedimiento de ampliación o incluso de reducción conceptual a través de un juego muy hábil de antítesis. En lo general, también la observación de M. Durry, gran conocedor del *Panegírico* (Pline le Jeune, tome IV, C.U.F., Paris 1959, p. 89 ss.), de que la actitud de Plinio "en el *Panegírico* se caracteriza, en último término, por su deseo de complacer a la vez a dos escuelas opuestas, a los aticistas y a los asianistas", se ajusta excelentemente a una cuadro de este tipo[139]. Para complacer a los asianistas, Plinio utilizaba los *dulcia*, "cláusulas, flores poéticas y páginas de grandilocuencia"; para los aticistas recurría a los *severa*, "desarrollos técnicos y fórmulas concisas". Sin embargo, casi nadie ha tenido en cuenta un detalle fundamental, a saber, la influencia de la escuela de retórica con sus *controversiae* y sus *suasoriae*. Esta práctica, sin duda, orientaba más fácilmente a Plinio que a Cicerón a leer sus discursos ante un público de amigos. Se trata, de hecho, de la manera habitual de funcionar en las escuelas de declamación. Janet Fairweather (*Seneca the Elder*, p. 250 ss.), al reconsiderar el contraste, exagerado por Eduard Norden, entre aticismo y asianismo en la literatura imperial, ha puesto claramente de manifiesto que el gusto por la elocuencia más transparente y sentenciosa, durante el Imperio, no puede depender solamente, como dice el Apro del *Diálogo de los oradores* (19, 5), de la prisa de los jueces y de la necesidad de atraer la atención del público, porque una elocuencia llana y simple habría sido sin duda preferible. La moda del lenguaje sentencioso debe haberse desarrollado en las escuelas de declamación. Yo diría, por lo tanto, de acuerdo con Janet Fairweather, que el gusto, absolutamente pliniano, por controlar el discurso mediante *sententiae* que juegan con el uso y la colocación de los nombres y los adjetivos deriva, al menos en parte, de la formación escolar en la que había profundizado para ajustarse a la opinión de *connaiseurs* selectos. Esto puede valer también para el *Panegírico*, puesto que ya Quintiliano en *inst.* 3, 7, 28 observaba acerca de las *suasoriae* que no están lejos del género epidíctico: *totum autem habet aliquid simile suasoriis* [sc. *laudativum genus*], *quia plerumque eadem illic suaderi, hic laudari solent* (Joachim Adamietz en su *Kommentar* al libro III de Quintiliano remite precisamente a Cic. *de orat.* 2, 233 e incluso a Aristóteles, *rhet.* 1367b 36)[140].

---

139. Cf. A.-M. Guillemin, *Pline et la vie littéraire de son temps*, p. 89-107; P. V. Cova, *La critica letteraria di Plinio il Giovane*, p. 15-18.

140. Cic. *de orat.* 2, 333 *Neque sane iam causa videtur esse cur secernamus ea praecepta, quae de suasionibus tradenda sunt aut laudationibus, sunt enim pleraque communia.* Arist. *rhet.* I, 1367b 36 sqq. "Εχει δὲ κοινὸν εἶδος ὁ ἔπαινος καὶ αἵ συμβουλαί."Α γὰρ τῷ συμβουλεύειν ὑπόθοιο ἄν, ταῦτα πετατεθέντα τῇ λέξει ἐγκώμια γίγνεται. Véase también J. Cousin, *Quintilien*, tome II, Paris 1976, p. 275.

El estudio de Mesk, que a mi juicio es todavía muy aprovechable, ha mostrado en varios pasajes del *Panegírico* la tarea de elaboración de Plinio durante la fase de preparación para la publicación. No es posible, por supuesto, examinar aquí todos esos pasajes: me limitaré a considerar tan sólo uno. En Plin. *Paneg.* 7, 6-7 Mesk detectaba una elaboración posterior a la *gratiarum actio*:

(10) Plin. *Paneg.* 7, 6-7 *Superbum istud et regium, nisi adoptes eum, quem constet imperaturum fuisse, etiamsi non adoptasses. Fecit hoc Nerva nihil interesse arbitratus, genueris an elegeris, si perinde sine iudicio adoptentur liberi ac nascuntur*[141].

No hay duda de que el tema de la adopción era fundamental para alguien que, como Plinio el joven, quería influir de algún modo en el comportamiento del emperador y recomendar la superación de la transmisión hereditaria del poder (sobre este asunto, véase G. Picone, *L'eloquenza di Plinio*, pp. 177 ss.)[142], pero la manera de presentar la cuestión no va más allá –observa J. Mesk– de una conexión lingüística formal. El pasaje, con toda su complejidad expresiva, remite, por el contrario, a las complicadas intrigas de adopción y de *abdicatio* que se encuentran en varias *controversiae* de Séneca el viejo (por ejemplo, en la primera, en la novena, en la duodécima y en varias otras). Pero, en concreto, con respecto la adopción de Trajano

141. Subrayo la expresión *si perinde sine iudicio adoptentur liberi ac nascuntur.* Tenemos aquí una *sententia*, y es bien sabido que "los discursos de los declmadores refulgían de *sententiae*" (S. F. Bonner, *Roman Declamation in the Late Republic and Early Empire*, p. 54), cf. Quint. *inst.* 8, 5, 31: *nec multas plerique sententias dicunt, sed omnia tamquam sententias.* Creo que tal es el caso de este pasaje de Plinio en el que se encuentra una *sententia* abreviada y casi hasta escondida: *sine iudicio liberi nascuntur.* Sobre las *sententiae* en las declamaciones, véase también J. Fairweather, *Seneca the Elder*, pp. 259-264; 300-303.

142. Hay que relacionar este pasaje de Plinio con la adopción de Pisón Liciniano por parte de Galba tal y como la presentan Tácito (*hist.* 1, 14-16), Suetonio (*Galba*, 17), Plutarco (*Galba*, 23) y Dión Casio (63, 5, 1). Nos detendremos con más detalle sobre esta cuestión, pero desde ahora puede hacerse la observación de que, para ciertos estudiosos, es Plinio quien se sigue a Tácito, mientras que para otros (entre los que me incluyo) es Tácito el que sigue a Plinio. Según un buen conocedor del *Panegírico*, M. Durry (Plinio el Joven, *Le Panégyrique de Trajan*, p. 61 ss.), tanto Plinio como Tácito siguen a Plinio el viejo, en concreto a su obra perdida *A fine Aufidi Bassi.* Sin embargo, no debe olvidarse en contra de esta hipótesis que Tácito es completamente contrario al triunfalismo flavio que domina la obra de Plinio *A fine Aufidi Bassi* (cf. E. Paratore, *Tacito*, p. 377, n. 245; C. Questa, Tacito, *Annali*, p. XL). N. Nesselhauf ("Die Adoption des römischen Kaisers", p. 491, n. 1) también se opone a la hipótesis de M. Durry.

por Nerva, hay que recordar la importancia de este problema esencial para la vida del Imperio. Plinio, como señala F. Trisoglio (La personalità di Plinio il Giovane, pp. 44 ss.), descarta el principio dinástico y muestra una clara preferencia por el principio de adopción. Es aquí donde hay que tener en cuenta la crucial comparación, tan discutida, con la adopción de Licinio Pisón por Galba que transmite Tácito (*hist.* 1, 14-16). Tal comparación demuestra, entre otras cosas, que el principio de la sucesión imperial recibía, aunque de manera muy prudente, atención explícita. Detengámonos un momento –será ilustrativo para evaluar a Plinio en su contexto– en este problema, en el que los aspectos literarios y políticos se funden, sin perder de vista sin embargo que el problema comprende dos aspectos, (1) el que se desprende de los textos de Tácito, de Plinio y de otros autores, o sea, el de las fuentes históricas; y (2), el que afecta directamente a la historia, es decir, la trascendencia política del momento. Se trataba, en efecto, de un momento muy delicado: la dinastía flavia se había extinguido y había acabado de manera sangrienta, al igual que la julio-claudia. Creemos que hay que tener en cuenta estos dos aspectos de la cuestión. Ronald Syme (*Tacito* I, p. 175) ha propuesto la hipótesis [143] de que Tácito, como excónsul, cónsul, o cónsul designado estuvo presente en el *consilium principis* que decidió la adopción de Trajano por Nerva en el 97 d. C. Algo antes, Herbert Nesselhauf ("Die Adoption des römischen Kaisers", p. 495) ya había señalado que la escena de adopción de Galba no era algo que perteneciera al pasado, "sondern das neue politische System, das anlässlich der Adoption Trajans so laut propagiert und begrüsst wurde und mit dem die Gegenwart beglückt war." Sin embargo, dejando a un lado la hipótesis indemostrable de Syme, que él mismo, a decir verdad, propone con prudencia [144], la comparación con Dión

143. Esta hipótesis ha sido admitida por C. Questa, Tacito, *Annali*, p. XXIII.

144. Baste con leer sus palabras (*Tacito* I, p. 175): "Per quanto si sa, Tacito potrebbe aver avuto i *fasces* in quel famoso mese di ottobre del 97. Ad ogni modo, o che il suo consolato cadesse nella tarda estate, o nell'autunno, o nell'inverno, egli potrebbe essere stato presente [...] al consiglio che decise che Nerva doveva adottare un figlio e proclamarlo suo successore". Además, Syme tiene el mérito de haber puesto de relieve el paralelismo entre el fin de la dinastía julio-claudia (año 69) y el de la flavia (año 96), así como la importancia de la figura de Virginio Rufo. El elogio fúnebre de Virginio fue pronunciado por Tácito (Plin. *epist.* 2, 1, 6: *laudatus est a consule Cornelio Tacito*) y Plinio el Joven le dedicó su primera epístola del libro II. Con ello tenemos aquí otra conexión entre Tácito y Plinio en este asunto.

Casio, Plutarco y Suetonio lleva a dudar seriamente de que el discurso de Galba en el *consilium principis* se desarrollara como lo transmite Tácito e incluso de que se pronunciara un discurso análogo, algo que me parece muy improbable por las razones que pasaremos a examinar a continuación. De hecho, Dión Casio proporciona una información muy breve (63, 5, 1):

(11) Dio 63, 5, 1 Ὁ οὖν Γάλβας τὴν ἐπάναστασιν αὐτοῦ Οὐτελίου πυθόμενος Λούκιον Πίσωνα, νεανίσκον εὐγενῆ ἐπιεικῆ φρόνιμον ἐποιήσατο καὶ Καίσαρα ἀπέδειξεν "Habiendo tenido Galba noticia de la rebelión de Vitelio, adoptó y presentó a Licinio Pisón, un joven noble, prudente y capaz".

En Plutarco ya no se encuentra ninguna alusión a un discurso que Galba hubiera pronunciado antes de rendirse, junto con Pisón, en el campamento de los pretorianos:

(12) a. Plut. *Galba* 23, 2 ἄφνω μηδὲν προειπὼν μετεπέμψατο Πείσωνα, Κράσσου καὶ Σκριβωνίας ἔκγονον, οὓς Νέρων ἀνῃρήκει, νεανίαν ἐν τῇ πρὸς πάσαν ἀρετὴν εὐφυίᾳ τὸ κόσμιον καὶ αὐστηρὸν ἐμφανέστατα ἔχοντα· καὶ κατέβαινεν εἰς τὸ στρατόπεδον ἐκεῖνον ἀποδείξων Καίσαρα καὶ διάδοχον. "De repente, sin haber dicho nada a nadie, hizo venir a Pisón, hijo de Craso y de Escribonia, a los que Nerón había ordenado matar. Este joven unía a una dichosa disposición para toda clase de virtudes una modestia y una austeridad de las más destacables. Galba bajó con él al campamento de los pretorianos para proclamarlo César y heredero del imperio".

En Suetonio se encuentra la misma postura:

b. Suet. *Galba* 17 *despectui esse non tam senectam quam orbitatem ratus* [sc. *Galba*], *Pisonem Frugi Licinianum, nobilem egregiumque iuvenem ac sibi olim probatissimum testamentoque semper in bona et nomen adscitum, repente e media salutantium turba adprehendit filiumque appellans perduxit in castra ac pro cautione adoptavit, ne tunc quidem donativi ulla mentione facta.*

Casi se diría que Suetonio y Plutarco se esfuerzan en subrayar que Galba no habló con nadie antes de adoptar a Pisón y que no pronunció un discurso como el que presenta Tácito. El discurso de Galba en Tácito podría tener un equivalente en el que pronunció ante los pretorianos, pero aún quedaría la inconguencia de Tácito en presentar dos discursos, uno ante el consilium principis y otro, caracterizado por una *imperatoria brevitas*, ante los soldados (Tac. *hist.* 1, 18, 2), e incluso un tercero (*non comptior, non longior quam apud milites sermo*) ante el senado (Tac. *hist.* 1, 19, 1). Johannes Straub (*Regeneratio Imperi*, p. 46) ha pensado precisamente que Tácito aludía a la "Adoptionspropaganda" de la época de Trajano y que el discurso de Galba había sido una construcción de Tácito: "in ihr [d. h. in dieser Rede] ist die Theorie des Adoptiv- und Wahlprinzipats entwickelt, der unter Traian als 'das neue politische System' propagiert worden war und von Tacitus bewusst mit der im darstellenden Bericht gekennzeichneten Wirklichkeit kontrastiert wird." Teniendo en cuenta las diferentes posturas, sobre todo la de H. Nesselhauf (*Hermes* 83, 1955, 477 ss.), Heinz Heubner (P. Cornelius Tacitus, *Historien. Kommentar*, pp. 47-49), llega a conclusiones acertadas: el *consilium principis* no era una institución habitual; el discurso de Galba ante sus seguidores es una invención de Tácito –en el mismo sentido, Nesselhauf ("Die Adoption des römischen Kaisers", p. 490, n. 1) pone de relieve con agudeza que Tácito, al hacer que Galba pronunciara su discurso en privado, denuncia la falta de valor histórico de este; el *consilium principis* puede que tuviera un valor histórico, pero sólo como preparación, como institución que propone la adopción; el acto oficial tuvo que celebrarse ante los pretorianos, o ante el senado, o ante los *rostra*, pero en cualquier caso, en público (Tac. *hist.* 1, 17, 2 *consultatum inde, pro rostris an in senatu an in castris adoptio nuncuparetur*), y en esto el relato de Tácito concuerda con los de Suetonio y Plutarco. No queremos acometer aquí el problema de saber si Tácito deseaba o no expresar una opinión personal[145]. Lo único que pretendemos es poner de manifiesto una conexión interesante entre el problema de la adopción y la sucesión del Imperio y el mundo de la retórica, en particular el de las declamaciones. Se trata de un curioso episodio que transmite Séneca el Viejo:

145. Puede encontrarse un resumen de las diferentes opiniones al respecto en el comentario de Heinz Heubner, P. Cornelius Tacitus, *Historien, Kommentar*, p. 48 ss.

(13) Sen. *Contr.* 2, 4, 12-13 *Declamabat illam* [sc. *Latro*] *Caesare Augusto audiente et M. Agrippa, cuius filios nepotes suos, Lucium et Gaium, Caesar adoptaturus diebus illis videbatur. Erat M. Agrippa inter eos, qui non natî sunt nobiles, sed facti. Cum diceret partem adulescentis Latro et tractaret adoptionis locum, dixit: "Iam iste ex imo per adoptionem nobilitati inseritur", et alia in hanc summam. Maecenas sibilans innuit Latroni festinare Caesarem; finiret iam declamationem. Quidam putant hanc malignitatis Maecenatis esse; effecisse enim, non ne audiret, quae dicta erant, Caesar, sed ut notaret.*

Con seguridad, Tácito podía haber concebido el discurso que puso en boca de Galba sin sugerencia alguna, realizando así un auténtico ejercicio de declamación. No se puede pasar por alto sin embargo que en Plinio encontramos una referencia lingüística a estas declamaciones en las que adopción era un tema habitual y, además –como vemos en Séneca–, que esa adopción de la que se trataba en las declamaciones, quizá no tan inocentes, podía relacionarse con la adopción y la sucesión del Imperio. Independientemente de los fines que Tácito persigue con la declamación que de hecho construye y pone en boca de Galba siguiendo la mejor tradición de los declamadores romanos, estaba esta "Adoptionspropaganda" que Plinio presenta explícitamente en el *Panegírico*. Tenemos aquí una prueba de que Plinio ha influido en Tácito, sugiriendo a su amigo la idea de escribir una breve declamación. Regresemos ahora al estudio de Josef Mesk.

J. Mesk ("Überarbeitung des Plinianischen Panegyricus", pp. 241 ss.) concede un valor excesivo al esquema del λόγος βασιλικός del rétor Menandro, pero precisamente en la reciente edición comentada de los dos tratados epidícticos de este autor, Russell y Wilson señalan (pp. XXVI-XXVIII) que Menandro tiene precedentes ilustres en Hermógenes, que resulta muy cercano al sistema de Menandro, y en Elio Teón, quizá contemporáneo de Quintiliano. Pero en cualquier caso, ya en época de Plinio el Joven existía un modelo epidíctico de la importancia de la σύγκρισις (Hermog. 17, 5-12). No hay ni que decir que el interés de la σύγκρισις que Plinio constantemente aplica sobre Trajano y Domiciano proviene del hecho de haber vivido dramáticamente los años de la tiranía. Y con esto nos hallamos ante un problema importante. ¿Basándose en qué fundamentos Plinio le da consejos a Trajano, cuando transforma su práctica de la abogacía en elocuencia política? Es precisamente el hecho de haber sido un ciudadano como los demás lo que le proporciona a Trajano la posibilidad de gobernar como un auténtico padre de su pueblo, y no como el tirano aislado y oculto en su palacio que había sido Domiciano. Esta idea aparece constantemente en el *Panegírico*. Los pasajes que se relacionan con ella han sido cuidadosamente reunidos por F. Trisoglio ("La personalità di Plinio il Giovane", pp. 85-89), y nos muestran claramente la importancia que Plinio concede al hecho de que Trajano se comporte como *unus ex nobis* (Plin. *Paneg*. 63, 2), de que obedezca las leyes como los demás ciudadanos (*Paneg*. 65, 1 *In rostris quoque simili religione ipse te legibus subiecisti, legibus Caesar, quas nemo principi scripsit? sed tu nihil amplius vis tibi licere quam nobis*), de que Trajano confiera valor a una magistratura republicana como el consulado, cargo que él mismo ocupó junto con otros cónsules a los que el emperador llamaba sus colegas (*Paneg*. 78, 3 *non est minus civile et principem esse pariter et consulem quam tantum consulem, habe etiam rationem verecundiae collegarum tuorum, collegarum, inquam; ita enim et ipse loqueris et nos loqui vis*).

Hay también que poner de relieve la frecuencia de los pasajes en los que Plinio exalta cómo en Trajano pervive el hombre privado sobre la dignidad del emperador (*Paneg*. 2, 8; 8, 5; 83, 6). En la misma medida en la que Trajano había remodelado para mejor la imagen y la esencia del príncipe mediante el comportamiento y la modestia de un simple ciudadano, Plinio ponía al servicio del emperador, del senado y de la nación su experiencia particular de gran abogado. Todo lo cual, naturalmente, no sería comprensible si no se tuviera en cuenta el compromiso moral de Plinio y su apuesta por la *vita activa* con respecto al problema del *otium* y el *negotium* (véase a este respecto Hans-Peter Bütler, *Die geistige Welt des jüngeren Plinius*, pp. 41-70). Muy certeramente, George Kennedy (*The Art of Rhetoric in the Roman World*, p. 528) trae a colación los cuatro motivos que impulsaban a Plinio a encargarse de una causa; tres de ellos eran los mismos que habían impulsado a Trásea Peto, el famoso héroe estoico (la influencia de otro estoico moderado como Musonio Rufo ha sido ya mencionada por Bütler, *Die geistige Welt des jüngeren Plinius*, p. 56 ss.).

(14) Plin. *epist*. 6, 29, 1-3 *Avidius Quietus* [...] *ut multa alia Thraseae* [...] *ita hoc saepe referebat, praecipere solitum suscipiendas esse causas aut amicorum aut destitutas aut ad exemplum pertinentis, cur amicorum, non*

> *eget interpretatione; cur destitutas? quod in illis maxime et constantia agentis et humanitas cerneretur; cur pertinentis ad exemplum? quia plurimum referret, bonum an malum induceretur. Ad haec ergo genera causarum, ambitiose fortasse, addam tamen claras et inlustres; aequum est enim agere non numquam gloriae et famae, id est suam causam.*

El compromiso moral de Plinio el Joven estaba, pues, muy presente en su actividad judicial de abogado. El ideal del *vir bonus dicendi peritus* al que G. Picone ha dedicado un capítulo (*L'eloquenza di Plinio*, pp. 143-158) era algo bien conocido por Plinio, que nos transmite (*epist.* 4, 7, 5) la parodia que hace de ello Herenio Seneción al estigmatizar a Aquilio Régulo como *vir malus dicendi imperitus*. Michael Winterbottom ("Quintilian and the *vir bonus*", pp. 90-97) ha mostrado cómo la vuelta a la moralización de Quintiliano está directamente relacionada con la actividad de los *delatores*, y el pasaje de Plinio lo confirma. La expresión *vir bonus dicendi peritus* se hizo en seguida de uso común, y se encuentra en los manuales de retórica escolar como, por ejemplo, el de Consulto Fortunaciano 1, 1 (véase el comentario de Lucia Calboli Montefusco, Consulti Fortunatiani, *Ars Rhetorica*, pp. 251-253). La moralización de la retórica es también un elemento importantísimo para entender mejor a Plinio el Joven.

Para terminar, concluiré con una importante observación de A. Leeman (*Orationis ratio*, p. 445). No debemos pensar que en Plinio la elocuencia judicial y la elocuencia epidíctica, sin duda separadas como puede verse en la distinción real entre las *actiones-orationes* del foro y el *Panegírico*, se opusieran entre sí, sino todo lo contrario, como Plinio dice en la carta 9 del libro 7 (§§ 8-9):

> (15) Plin. *epist.* 7, 9, 8-9 *Scio nunc tibi esse praecipuum studium orandi, sed non ideo semper pugnacem hunc et quasi bellatorem stilum suaserim* [...]. *Volo interdum aliquem ex historia locum apprehendas, uolo epistulam diligentius scribas. Nam saepe in oratione quoque non historica modo, sed prope poetica descriptionum necessitas incendit.*

Leeman puede subrayar con razón: "Aquí otra vez parece que Plinio tiene un concepto más epidíctico de la elocuencia". Plinio, pues, transfiere a la elocuencia epidíctica no sólo su experiencia y su práctica de abogado, sino que a través de una visión más amplia introduce elementos epidícticos en toda su actividad oratoria, y crea así una figura de abogado, de hombre de letras y de hombre del poder en la que no es del todo fácil distinguir los diferentes componentes. Hay, pues, en Plinio, una unidad de lo privado y de lo público que representa el aspecto más atractivo y positivo del *dominatus* romano en el que el *princeps* no es un dios, sino que, incluso si está tocado por la *felicitas* divina [146], es sólo un *primus inter pares*. Hasta el presente, no se ha encontrado fórmula alguna más dulce que esta para endulzar el amargo cáliz de la tiranía.

146. La idea de que Trajano fue elevado al trono imperial por voluntad divina se presenta a lo largo de todo el *Panegírico*, como bien ha señalado D. Kienast, "Nerva und das Kaisertum Trajans", *Historia*, 17, 1968, 6 y G. Picone, *L'eloquenza di Plinio*, p. 179.

VII Plinio y Tácito, la luna y el sol (Plin. *epist.* VII 20)

Gualtiero Calboli

Aetii Chiorboli in memoriam [147]

Debería comenzar traduciendo la carta de Plinio que vamos a estudiar, pero ya contamos con la traducción de una de las grandes expertas en Plinio el Joven, la de la profesora Guillemin, y con el comentario de Sherwin-White; por ello, me limitaré a realizar algunas consideraciones acerca de la traducción y del comentario que acabo de citar, para abordar después algunos problemas más precisos.

En lo que concierne a la traducción, he de subrayar la acertada solución que nos ofrece con el colectivo singular la *sententia* que localizamos en el primer párrafo: *Neque enim ulli patientius reprehenduntur, quam qui maxime laudari merentur* "Nul en effet ne supporte mieux la censure que celui qui mérite davantage les éloges" ("Efectivamente, nadie soporta mejor la censura que aquél que más merece los elogios"). La traducción italiana de Francesco Trisoglio, al pasar al plural, pierde un ápice de la invariabilidad de la γνώμη: "Non c'è nessuno che accetti le critiche con maggior longanimità di coloro che meritano più di ogni altro di essere celebrati" ("No hay nadie que acepte las críticas con mejor disposición de ánimo que aquellos que merecen ser celebrados más que los demás"). Conociendo la costumbre de Plinio de construir sus *sententiae* ("die scharf zugespitzten Sentenzen" de las que ya hablaba Eduard Norden, *Kunstprosa*^{5}, pp. 319 ss.) sobre antítesis,

147. Este artículo fue escrito originalmente en francés porque se trata de una conferencia que impartí en la Universidad de París IV, la Sorbona, en enero de 1993. Querría aprovechar esta ocasión para expresar mis agradecimientos a los amigos franceses que me invitaron a la Sorbona y, en particular, al los profesores Claude Moussy, Jacqueline Dangel y Hubert Zehnacker. He dedicado el presente artículo a la memoria de Ezio Chiorboli, que fue durante mucho tiempo el presidente del "Galvani" y que lo fue al mismo tiempo que yo cursaba mis estudios en el citado colegio. Aprendí mucho de su rectitud moral, la cual estaba asociada a una gran erudición y una bondad de espíritu que nunca he olvidado, porque se convirtió para mí en un modelo. En el título, Tácito es el sol, Plinio el Joven, la luna.

debe ser traducida en singular en cada uno de los dos *cola* para conservar una correspondencia perfecta. Yendo aún más lejos en nuestras afirmaciones, podemos decir que la expresión latina *quam me delectat quod* resulta más enérgica en la constatación de un hecho que las traducciones de la profesora Guillemin y del profesor Trisoglio: "avec quelle joie je pense" ("con qué alegría pienso"), "quale soddisfazione provo quando m'immagino" ("qué satisfacción experimento cuando me imagino"), y también aquí la traducción francesa es mejor, porque se mantiene en el *delectat* "je pense avec joie" ("pienso con alegría") sin extenderse en otra proposición "quando m'immagino" ("cuando me imagino"). Incluso la siguiente expresión *non nullius in litteris nominis* debe traducirse, a mi modo de ver, por un giro que tenga la fuerza de la lítotes. Las traducciones "deux hommes [...] jouissant de quelque renom" ("dos hombres [...] que gozan de cierto renombre") y "due uomini [...] forniti di un certo nome" ("dos hombres [...] dotados de cierto nombre") se muestran demasiado débiles. Yo, en cambio, añadiría el adjetivo "buen": "de cierto buen renombre". La traducción del verso de Virgilio *longo sed proximus intervallo* no es sencilla, porque se trata de un tópico más complejo de lo que pudiera creerse, que fue estudiado en un largo artículo por Karl August Neuhausen (*Rhein. Mus.* 111, 1968, 333 ss.). Ya no nos encontramos en la situación de Virgilio en la que se encuentra también a aquél que sigue a Niso en la carrera. Percibimos cierta ironía, pero sobre todo la idea de que, dejando de lado a Tácito, es Plinio el que les lleva ventaja a todos los demás. Por eso me parece que la traducción de Trisoglio transmite adecuadamente esta condición del topos, al utilizar unan expresión que puede resultar acentuada irónicamente: "ben lungi da te, ma pure il più vicino tra tutti" ("muy lejos de ti, pero el más cercano de todos"). En lo que se refiere al hecho de ser citados juntos, véase la carta IX, 23, 2-3, en la que Plinio cuenta que le han confundido con Tácito: *Tacitus es an Plinius?*[148] En

148. Véase el comentario de A. N. Sherwin-White, *The Letters of Pliny*, pp. 506 ss., que presenta correspondencia con Tac. *dial.* 7, 4 ("which may refer to this event") *Fama et laus cuius artis cum oratorum gloria comparanda est?* [...] *quos saepius uulgus quoque imperitum et tunicatus hic populus transeuntes nomine uocat et digito demonstrat. Aduenae quoque et peregrini iam in mancipiis et coloniis suis auditos, cum primum urbem attigerunt, requirunt ac uelut agnoscere concupiscunt.* En cualquier caso la carta IX 23 parece posterior a nuestra carta VII 20 (Sherwin-White, *The Letters of Pliny*, p. 506).

la traducción de la expresión que viene a continuación creo que también Trisoglio ha encontrado una solución más feliz que la de la profesora Guillemin: *eadem legata et quidem pariter accipimus* "on nous assigne des legs de même espèce et de même valeur", "riceviamo gli stessi lasciti e perfino per un ugual ammontare". El *quidem* "perfino" subraya que por fin hay una situación en la que Plinio y Tácito van parejos, aunque, ironía del destino, se trate de la igualdad de la muerte. Me da la impresión, sin embargo, de que ese *quidem* le sale a Plinio del alma involuntariamente, y acaso no desprovisto de ironía. En cualquier caso, la idea de la muerte que iguala a todos vuelve a aparecer al final de la carta y otra vez con la palabra *suprema* (*suprema denique hominum iudicia*), pero acompañada de la seguridad de entrar con Tácito y gracias también al hecho de ser un igual a Tácito en la inmortalidad de la gloria,[149] y en esto la versión francesa es incomparable: "et enfin par les volontés suprêmes des hommes". El italiano de Trisoglio no tiene color: "e perfino delle ultime disposizioni degli uomini."

En lo que concierne al comentario de Sherwin-White baste con señalar que según este estudioso no sería posible seguir la hipótesis de Schuster y Wagenvoort (a quienes habría que añadir a Ronald Syme, el gran historiador), según la cual el libro que Plinio devuelve a Tácito sería el *Diálogo de los oradores*, porque Plinio podía ejercer su crítica sólo sobre obras de retórica y sólo los discursos circulaban entre amigos en lugar de ser recitados en público. Vendremos en seguida sobre esta interesantísima cuestión.

Yo diría que esta carta de Plinio el Joven es importante, a mi juicio, por más de un motivo. En primer lugar, por la alusión a una obra de Tácito que podría ser el *Diálogo de los oradores*. No se trata de una hipótesis que parezca irreprochable a primera vista, pero fue formulada por un filólogo de gran seriedad como Mauriz Schuster y merece tenerse en consideración. Recurriendo a una paradoja, diría que la tesis de Schuster resultó revalorizada gracias a la intervención en su contra de Sesto Prete en 1948 (*Saggi Pliniani* 1948: 69-73). No es que quiera decir que les falte razón a las obser-

149. Se trata de una idea presentada por Salustio en *Cat.* 1, 3 *mihi rectius uidetur ingeni quam uirium opibus gloriam quaerere et, quoniam uita ipsa, qua fruimur, breuis est, memoriam nostri quam maxume longam efficere*; y antes de Salustio en Isocr. *Nic.* 37 ἐπειδὴ θνητοῦ σώματος ἔτυχες, πειρῶ τῆς ψυχῆς ἀθάνατον μνήμην καταλιπεῖν, y tras estos testimonios (y muchos otros), Horacio, *carm.* III, 30.

vaciones de Prete, aunque a mi parecer son aceptables sólo en parte, sino que la intervención de Sesto Prete ha desplazado el problema hacia otro aspecto que, creo yo, es más importante: la labor de corrección a la que Plinio sometía sus *actiones* para obtener *orationes* escritas de modo irreprochable. [150] Y esta carta es muy reveladora sobre esta labor de Plinio. El otro elemento que llama nuestra atención es la relación con Tácito. Detengámonos en los argumentos de M. Schuster y en las objeciones que le plantea Sesto Prete. Plinio le escribe a Tácito que ha leído su libro y que lo ha comentado y corregido con gran atención: *Librum tuum legi et, quam diligentissime potui, adnotaui, quae commutanda, quae eximenda arbitrarer* (Plin. *epist.* 7, 20, 1). Ya en estas palabras, para Schuster, hay razones para elegir entre las obras de Tácito. Mommsen (*Gesamm. Schriften* IV p. 441) había pensado en un libro de las *Historias* de Tácito, pero Schuster hace una observación a este respecto que no puede pasarse por alto: ¿cómo es posible que Plinio pudiera eliminar algo de un libro de Tácito si se trataba de un libro de las *Historias*, en las que el estilo de Tácito se orientaba ante todo hacia la brevedad? Sesto Prete, por el contrario, no piensa solamente en las *Historias* de Tácito, sino que considera también la posibilidad de que se tratara de un discurso del historiador. Es una hipótesis, sin embargo, que no parece muy probable: ¿cómo iba a llamarse 'libro' a uno solo de los discursos de Tácito? Tendría que ser un discurso que no perteneciera a las *Historias*. Por otro lado, es imposible saber con certeza absoluta si se trata de una obra de Tácito o de otro autor, algo que depende de la propia situación de nuestra documentación: estas investigaciones tienen la virtud de ayudarnos a aclarar ciertos aspectos de Plinio, de Tácito y de la relación amistosa entre ambos autores. Desde este punto de vista, pensar en un discurso de Tácito no significa sino expresar el derecho a dudar de cualquier solución que se proponga –ya que podría tratarse de un discurso que pronunciara y que no se nos ha conservado–, pero es la condición previa a tal indagación. Adoptando esta perspectiva y dejando a un lado el deseo de dar una solución verdadera, algo que no es posible en las condiciones de nuestro

150. Por resumir lo que ya he expuesto en las pp. 121 ss., me limito a subrayar que se trataba sobre todo de la ampliación de las *actiones*, porque las *actiones* debía mantenerse dentro del tiempo limitado que imponía el tribunal.

conocimiento, se pueden tener en consideración las observaciones de H. Wagenvoort (1919), que se inclina a pensar que se trata del *Diálogo de los oradores*, pero que en cualquier caso nos presenta todos los problemas que implica esta solución. El primer problema se refiere a la fecha de la carta y, por consiguiente, a la fecha en la que habría sido escrita esta obra, si el libro del que habla Plinio es el *Diálogo de los oradores*. Pero la carta vigésima del libro VII no podría haberse escrito, según Wagenvoort, en el ciento ocho d. C., lo que excluye de entrada que el *liber* sea el *Agricola* o la *Germania*, que habían sido escritos antes de tal fecha. "De *Agricola* –dice Wagenvoort, "Obiter Tacta", p. 361– deque *Germania* sermo hic esse non potest, nam procul dubio antea scripti sunt, nec magis de *Annalibus*, qui postea demum secuti sunt". Si, entonces, el libro en cuestión no puede ser ni el *Agricola* ni la *Germania*, ni un libro de los *Anales*,[151] sólo queda la posibilidad de que se trate de un libro de las *Historias* o del *Diálogo de los oradores*, si es que esta obra fue realmente escrita por Tácito. Efectivamente, la autenticidad del *Diálogo de los oradores* ha despertado y despierta sus dudas ya desde Beatus Rhenanus.[152] Por mi parte, comparto la opinión de ese gran conocedor de Tácito que es Sir Ronald Syme, que dice (*Tacitus* II, p. 670), tras mencionar los diferentes autores que han sido propuestos en lugar de Tácito por Léon Herrmann, Carlo Gallavotti y Ettore Paratore: "Todo es en vano. No hay razones sólidas contra la autoría de Tácito. Ponerlo en cuestión fuerza (y acaso desacredita) el buen nombre de la cautela científica".[153] Los tres pasajes que

---

151. Que deberían denominarse *Ab excessu Diui Augusti*. Sobre el nombre de "Annales" véase la nota de E. Koestermann, C. Tacitus, *Annales*, p. 55. *Annales* parece ser la denominación de una edición de los *Annales* reunidos junto con las *Historiae* con la intención de presentar un *corpus* de treinta libros de historia romana desde la muerte de Augusto hasta el final de las *Historias*. El título de *Annales* no sería de Tácito, aunque el propio Tácito emplea el término de *annales* cuando se refiere a su obra con la denominación genérica de *annales*, como ocurre en *Ann*. 3, 65, 1; 4, 32, 1; 13, 31, 1. En la nota de Koestermann puede encontrarse el tratamiento del problema con la bibliografía correspondiente.

152. Sobre esta cuestión, véase la bibliografía citada por A. Michel, *Le 'Dialogue de orateurs' de Tacite*, pp. 195-198; y R. Hanslik, *Lustrum*, 16, 1971-1972, 256-261.

153. "It is all vanity. There is no solid reason against Tacitean authorship. To call it in question strains (and perhaps discredits) the fair name of scholarly caution." Las obras de L. Herrmann, C. Gallavotti y E. Paratore son citadas por R. Syme, *Tacitus* II, p. 670 y R. Hanslik, *Lustrum*, 16, 256-259, y son las siguientes: L. Herrmann, "Quintilien et de *Dialogue des orateurs*", *Latomus*, 14, 1955, 349-369; Id., "Encore le *Dialogue des orateurs* et Quintilien", *Latomus*, 24, 1965, 845-857 (el autor sería Quintiliano); C. Gallavotti, "Pensiero e fonti dottrinarie nel *Dialogo degli oratori*", *Athenaeum*, 19, 1931, 35-50 (Plinio el Joven); E. Paratore, *Tacito*, 2ª ed., Edizioni dell'Ateneo, Roma, 1962, pp. 101-169 (Titinio Capitón); Id., "Ancora del *Dialogus de oratoribus*", *Humanitas* 5/6, 1953-1954, 1-54.

Ronald Syme dedica a este asunto (*Tacitus* II, pp. 670-673) son de gran importancia para la cuestión de la datación, que es sin duda una de las cuestiones fundamentales para la carta que nos ocupa. En lo relativo al momento en el que se desarrolla el diálogo, esto es, su "fecha dramática" según la expresión de Ronald Syme,[154] a partir de ciertos datos que se pueden extraer del *Diálogo*, Sir Syme ha fijado el 74-75 d. C. Efectivamente, su autor dice:

(1) Tac. *dial.* 17, 3 *adice Tiberii tres et uiginti* [...] *ac sextam iam felicis huius principatus stationem, qua Vespasianus rem publicam fouet: centum et uiginti anni ab interitu Ciceronis in hunc diem colliguntur.*

Pero la datación a partir de la muerte de Cicerón es más el resultado de un cálculo que una certeza, como puede verse en otro pasaje del *Diálogo*:

(2) Tac. *dial.* 24, 3 *cum praesertim centum et uiginti annos ab interitu Ciceronis in hunc diem effici ratio temporum collegerit.*

Se trata de un detalle que ha sido puesto de relieve con toda razón por R. Syme (p. 670), que también es de la opinión de que el *Diálogo* tuvo lugar antes de la muerte de Licinio Muciano en el 77, porque en el *Diálogo* (37, 2) se habla de él como si estuviese vivo: *nescio an uenerint in manus uestras haec uetera, quae* [...] *cum maxime a Muciano contrahuntur.* Otro elemento de referencia que señala Syme (p. 671), aunque no como decisivo, es el año 74, en el que Helvidio Prisco fue exiliado como un nuevo Catón, al que podría aludir el *Catón* escrito por Curiacio Materno que se cita al principio del *Diálogo* (2, 1). La fecha puede oscilar, por tanto, entre el 74 y el 76. En lo que se refiere a la fecha de composición del *Diálogo de los oradores*, pueden verse en el "Bericht" de Rudolf Hanslik (*Lustrum*, 16, 1971-1972, pp. 256 ss.) y de Heinz Heubrer (Güngerich, *Kommentar*, pp. 195-197) las diferentes hipótesis que se han propuesto a este respecto, pero lo que resulta más interesante de estas investigaciones es la relación con Quintiliano y su *Institutio oratoria*. Sobre todo después de los artículos de Rudolf Güngerich, puede decirse que la idea de que Tácito había asistido a la escuela de Quintiliano es algo más que una hipótesis aunque no la podamos considerar como una

154. Cf. R. Syme, *Tacitus* II, p. 670, y H. Heubner en R. Güngerich, *Kommentar*, pp. 195-197.

certeza; certeza que, por el contrario, tenemos para el caso de Plinio el joven, que atestigua haber sido educado por Quintiliano: Plin. *epist.* 2, 14, 9 *ita certe ex Quintiliano, praeceptore meo, audisse memini* y 6, 6, 3. La relación entre el *Diálogo de los oradores* y el *Panegírico* de Plinio también se ha utilizado para demostrar que el *Diálogo* presenta pasajes que aparecen en el *Panegírico* y es anterior a esta obra que con seguridad se escribió entre el 102 y el 103 d. C.[155] El autor de esta hipótesis es también Rudolf Güngerich ("Tacitus' *Dialogus* und der *Panegyricus* des Plinius", 1956), al que acompaña Sherwin-White en su comentario de las cartas de Plinio (*The Letters of Pliny*, p. 427). Pero si se acepta como hipótesis que el libro de Tácito corregido por Plinio según la carta que estamos tratando (VII 20) es el *Diálogo de los oradores*, no hay dificultad alguna en creer además que para Plinio fue la ocasión de estudiar el *Diálogo* y de tomar prestados para su *Panegírico* los pasajes similares al *Diálogo* que se encuentran en él. Pero esto nos lleva a tomar en consideración el problema de la influencia que Tácito ejerció sobre Plinio el Joven y, por consiguiente, otras cartas en las que se encuentran testimonios a este respecto. Es el caso de la carta VIII, 7, dirigida también a Tácito:

> (3) Plin. *epist.* 8, 7, 1 *Neque ut magistro magister, neque ut discipulo discipulus (sic enim scribis), sed ut discipulo magister (nam tu magister, ego contra; atque adeo tu in scholam reuocas, ego adhuc Saturnalia extendo) librum misisti. Num potui longius hyperbaton facere atque hoc ipso probare eum esse me, qui non modo magister tuus, sed ne discipulus quidem debeam dici?*

He citado todo este pasaje también por razones estilísticas, que serán el objeto de nuestras últimas consideraciones acerca de la carta VII 20: se trata de las "scharf zugespitzte Sentenzen" a las que se refiere Eduard Norden (*Kunstprosa*[5], p. 319 ss.) como una de las características típicas del estilo de Plinio el Joven. Pero resulta aún más interesante volverlas a encontrar en Tácito, que era un escritor bastante más importante y reputado que Plinio, lo que nos lleva a imaginar que entre Plinio y Tácito había un viejo *contu-*

155. Véase M. Durry: Pline le Jeune, *Panégyrique de Trajan*, pp. 9-15 (que propone el 101) y R. Hanslik, *Lustrum*, 16, 1971-1972, 259.

bernium desde la época de la escuela de Quintiliano. Pero a falta del término *condiscipulus* en lugar del simple *discipulus* y de otras referencias más precisas, debemos quedarnos en la hipótesis. Volvamos ahora al texto de Syme. El gran historiador cree que una fecha muy probable para la composición del *Diálogo* podría ser el año 102, en el que el destinatario de la obra, Fabio Justo, fue *consul suffectus*, pero la carta de Plinio (VII 20), que para Syme podría referirse al *Diálogo de los oradores*, nos da la posibilidad de ir un poco más lejos en el tiempo, hasta llegar al año 107. Esta es precisamente la hipótesis de Wagenvoort, y el *Diálogo*, lejos de plantearnos problemas por la diferencia de estilo en comparación con las obras históricas, se nos presenta más bien según Syme (*Tacitus*, p. 673) como una obra paralela a las *Historias*: "The *Dialogus* can perhaps be regarded as a by-product of the *Historiae*". A este respecto podemos recordar que Henry Bardon ("De nouveau sur Tacite et le *Dialogue*", pp. 485 ss.) ha demostrado que hay semejanzas de estilo y de lenguaje entre el *Diálogo de los oradores* y las otras obras de Tácito, pero el cambio de estilo es de todo punto digno de admiración. Es posible que Plinio, que no se había apartado del estilo ciceroniano de su maestro Quintiliano, fuera la persona más adecuada para ayudar a su amigo Tácito a hacer que su texto fuera más ciceroniano, si es que realmente se trata del *Diálogo de los oradores*. Y la petición de correcciones por parte de Tácito sería todavía más natural si la fecha de composición del *Diálogo* fuese algo más tardía, pues Tácito ya estaba muy inmerso en su estilo histórico y en su concisión y podía necesitar a su amigo Plinio, que seguía fiel al ciceronianismo clásico de su preceptor Quintiliano. Sobre la datación del *Diálogo de los oradores*, véanse las diferentes opiniones de los estudiosos presentadas por R. Hanslik, *Lustrum* 16, 1971-1972, 256-272. La hipótesis formulada de manera insegura por el propio Hanslik a propósito de un artículo de R. T. Bruère ("Tacitus and Pliny's *Panegyricus*", *Classical Philology*, 49, 1954, 161-179) es muy interesante: sugiere que los paralelos entre el *Diálogo* y el *Panegírico* pueden demostrar que Plinio en su *Panegírico* se ha servido del *Diálogo* de Tácito, que sería por tanto anterior al *Panegírico*, esto es, que habría sido escrito poco antes del año 101; en tal caso, también la carta de la que nos ocupamos habría que datarla en esa fecha.

Así se pueden entender mejor las correcciones de las que Plinio ha hecho objeto el libro de su amigo, mientras que se declara poco competente o del todo incompetente en comparación con el gran historiador cuando se mide con Tácito en la dimensión historiográfica, como bien puede verse según Wagenvoort ("Obiter tacta", pp. 361 ss.), al final de las dos cartas, la décimo sexta y la vigésima del libro sexto (VI 16 y 20), acerca de la destrucción de Pompeya y la muerte de su tío. Es posible que a este respecto el profesor Wagenvoort haya exagerado un poco la incompetencia de Plinio: "aperte enim –dice en latín; el artículo de Wagenvoort fue escrito en latín según la práctica habitual en la revista *Mnemosyne* en 1919– identidem auctor confitetur (esto es, que Plinio admite), in rebus historicis se parum idoneum esse existimatorem". En realidad, Plinio sólo dice que deja al juicio acertadísimo de Tácito la libertad de coger lo que quiera de las cartas, ya que escribir epístolas o escribir historia son tareas diferentes:

(4) a. Plin. *epist.* 6, 16, 22 *tu potissima excerpes: aliud est enim epistulam, aliud historiam, aliud amico, aliud omnibus scribere.*

b. *epist.* 6, 20, 20 *Haec nequaquam historia digna non scripturus leges et tibi, scilicet qui requisisti, imputabis, si digna ne epistula quidem uidebuntur.*

Pero es un hecho que entre las once cartas que Plinio dirige a Tácito (*epist.* 1, 6; 20; 4, 13; 6, 9; 16; 20; 7, 20; 33; 8, 7; 9, 10; 14)[156] sólo aquí y en la breve carta VIII 7 se habla de un libro de Tácito enviado a Plinio para que lo corrigiera y de que Plinio hiciera lo mismo:

156. Es importante, para evaluar la relación amistosa entre Plinio el Joven y Tácito tener en cuenta el hecho de que esta amistad evolucionó con el tiempo y se hizo más estrecha a partir del libro VII de las cartas de Plinio, acaso, como ha supuesto Sherwin-White, a consecuencia de la petición de Tácito de que Plinio el Joven le enviara un relato de la muerte de su tío Plinio el Viejo, que dio como resultado las dos cartas VI 16 y 20 de Plinio a Tácito. Esto es lo que al respecto dice Sherwin-White (*The Letters of Pliny*, p. 100): "The six letters to Tacitus in I-VI are rather more formal than the five in VII-IX, which form an interconnected series. [...] The former give the impression that Tacitus was not one of Pliny's most intimate friends at this period, though no other person is the recipient of so many letters as Tacitus in I-VI or in the whole collection. [...] Possibly Tacitus' request for the account of the Elder Pliny's death and the Vesuvius eruption (VI.16) which the nephew alone could supply, led to the literary friendship that emerges suddenly in VII.20". En cualquier caso, la carta VII 13 de la que hablamos quedaría dentro del periodo de amistad más estrecha entre Plinio el Joven y Tácito.

(5) Plin. *epist.* 8, 7, 2 *sumam tamen personam magistri exseramque in librum tuum ius, quod dedisti, eo liberius, quod nihil ex meis interim missurus sum tibi, in quo te ulciscaris.*

En cualquier caso, lo que merece la pena destacarse y es además digno de la gran cortesía de Plinio es que en cada una de las ocasiones en las que Plinio ha ejercido la actividad de corrector de Tácito, se ha sentido en la necesidad de subrayar que él no se consideraba maestro de Tácito, sino que, al contrario, era más bien Tácito el que era su maestro. Es precisamente en la primera parte de la carta VIII 7 donde se encuentra esta declaración explícita de Plinio y, en VII 20, donde Plinio presenta su humanísima profesión de dependencia intelectual con respecto a Tácito:

(6) Plin. *epist.* 7. 20, 4 *Equidem adulescentulus, cum iam tu fama gloriaque floreres, te sequi, tibi 'longo, sed proximus interuallo'* [Verg. *Aen.* 5, 320] *et esse et haberi concupiscebam. Et erant multa clarissima ingenia; sed tu mihi* [...] *maxime imitabilis, maxime imitandus uidebaris.*

Esto es algo que ha sido subrayado con razón por Pier Vincenzo Cova (*La critica letteraria di Plinio il Giovane*, p. 98). La cuestión que queda por decidir es si esto depende sólo de la cortesía de Plinio o también de la grandeza de Tácito. Si depende sobre todo de la grandeza de Tácito, podemos entonces aceptar otro argumento utilizado por Mauriz Schuster para demostrar que el libro del que habla Plinio en VII 20 era el *Diálogo de los oradores*. Así, M. Schuster observa que en las cartas de Plinio (I 2; III 18; VII 17) se evoca la costumbre pliniana de leer los discursos ante los amigos. Pero se trataba de una costumbre criticada por algunos, como nos dice el propio Plinio:

(7) Plin. *epist.* 7, 17, 2 sq. *quo magis miror, quod scribis fuisse quosdam, qui reprehenderent, quod orationes omnino recitarem.*

Por lo tanto, deduce Schuster, leer discursos u obras retóricas ante una reunión de amigos no era algo que estuviera previsto. Para corregir estas obras había que enviarlas a los amigos, como ocurrió con Tácito que envió su libro a Plinio, entendiendo que el *Diálogo de los oradores* pertenecía al género retórico de los discursos. En efecto, uno puede preguntarse si también Tácito podía enviar sus obras históricas. Pero la respuesta a esta cuestión aparece en el mismo pasaje de Plinio que acabamos de ver:

(8) Plin. *epist.* 7, 17, 3 *a quibus libenter requisierim, cur concedant, si concedunt tamen, historiam debere recitari, quae non ostentationi, sed fidei ueritatique componitur.*

Es cierto que Sesto Prete (*Saggi Pliniani*, p. 73) ha dicho que no puede excluirse un proceso como el siguiente: Tácito escribió y leyó en público un libro de las *Historias*, y tras la lectura se lo envió a Plinio. Efectivamente no puede excluirse, pero ya que está trabajando sobre una hipótesis, no es posible pensar que pueda ocurrir cualquier cosa, precisamente porque se trata de una hipótesis. Parece demasiado forzado, en cualquier caso, pensar que Tácito pudiera ser corregido por Plinio en una de sus obras históricas. Además, incluso Sesto Prete considera la posibilidad de que el libro en cuestión pueda haber sido un discurso. Dejando a un lado estas dudas poco constructivas de Sesto Prete, hay en esta hipótesis otro elemento que no debe pasarse por alto. En la carta VII 20 Plinio le dice a Tácito que ha leído su libro y que ha reparado en ciertos cambios y ciertas supresiones que le parecerían necesarios, y que en ese momento él esperaba su libro con las anotaciones hechas por el historiador. No dice que le devuelva el libro a su amigo, pero puede deducirse fácilmente de la situación o, por así decir, del contexto de la situación. En este caso, el libro de Tácito podría ser el *Diálogo de los oradores* o un discurso. A partir del pasaje de Plin. *epist.* 7, 17, 3 que acabamos de ver (más arriba, nº 8) no puede pensarse razonablemente en un libro de las *Historias*. Pero hay otro envío, el envío de otro libro de Tácito a Plinio, el la carta VIII 7 (nº 3), en la que Plinio le dice a su amigo que ha recibido su libro. Admito que por un momento he supuesto que se trataba del mismo libro recibido por Plinio en la carta VIII 7 y devuelto a Tácito según se lee en la carta VII 20, pensando que las dos cartas originariamente cercanas habían acabado en libros distintos de la colección de cartas de Plinio por un error en la transmisión manuscrita. Pero hay un elemento que hace que esta hipótesis sea imposible. En la carta VII 20, Plinio dice que espera de Tácito uno de sus libros con las anotaciones de su amigo, mientras que en la carta VIII 7 Plinio nos dice, recurriendo a una amable broma, que puede ejercer la crítica sobre el libro de Tácito con toda libertad, porque él no tiene intención alguna de enviarle a su vez otro libro para que lo corrija el historiador: *sumam tamen personam magistri exseramque in librum tuum ius, quod dedisti, eo liberius, quod nihil ex meis interim missurus sum tibi, in quo te ulciscaris* (véase más arriba, nº 5). La expresión tiene su gracia, pero no hay razón alguna para poner en duda que Plinio, en esa ocasión, no se disponía a enviar ninguno de sus libros a Tácito. Se puede decir, pues, que hubo dos envíos de obras retóricas de Tácito a Plinio el Joven y que uno podría haber sido el *Diálogo de los oradores* y el otro un discurso. Nos consta que Tácito pronunció varios discursos, como por ejemplo uno en honor de Virginio Rufo (Plin. *epist.* 2, 1, 6) con ocasión de la muerte de este personaje. Se puede pensar que esta constatación debilita la hipótesis de Schuster, Wagenvoort y Syme, y así es desde cierto punto de vista, pero también significa que, si la asimilación del *Diálogo* a los discursos tiene su base en que pertenecen al mismo género retórico, es más probable que Tácito haya enviado el *Diálogo de los oradores* a un orador y buen conocedor de la retórica como Plinio el Joven [157] con el fin de obtener de su parte consejos y correcciones. Creo que se trata de una conclusión de la mayor importancia, si es que podemos pensar que esta obra fundamental para la historia de la retórica y de la elocuencia romana [158] fue compuesta en un ámbito de alto nivel como era el de Tácito, sobre todo el de Tácito, y el de Plinio el Joven. La importancia de una conexión de este género, que en cualquier caso sigue siendo hipotética –he de repetirlo– se halla en el hecho de que, de aceptarla, algo que resulta confirmado por numerosas indicaciones de Plinio [159] y por el envío recíproco de libros y la petición de información de Tácito a Plinio, tendríamos que deducir que de la misma manera que Plinio tenía una admiración desmesurada por Tácito, también Tácito quizá la tuvo por Plinio. Tácito y Plinio eran "las personalidades más visibles" del círculo literario de su época, un círculo que incluía alrededor de cincuenta ami-

---

157. Como ya hemos visto, había asistido a la escuela de Quintiliano (Plin. *epist.* 2, 14, 9 *ita certe ex Quintiliano, praeceptore meo, audisse memini*).

158. Véanse a este respecto en el "Bericht" de Rudolf Hanslik, *Lustrum*, 16, 1971-1972, 256, las obras de Bardon, Güngerich, Herrmann (sobre la relación entre el *Diálogo de los oradores* de Tácito con la *Institutio oratoria* de Quintiliano) y de Santini (p. 262).

159. Las cartas enviadas por Plinio a Tácito son las siguientes (v. supra): I 6; 20; IV 13; VI 9; 16; 20; VII 20; 33; VIII 7; IX 10; 14.

gos, según calcula la profesora Guillemin en la p. 23 de su obra todavía fundamental sobre *Pline et la vie littéraire de son temps*. Y llegamos así al problema que plantea el libro de Guillemin, el ambiente literario de Plinio y su tendencia estilística y literaria. En la carta que estamos analizando nos encontramos con una situación idílica, aunque haya correcciones de Plinio a Tácito. Pero en otra carta, precisamente en la extensa epístola vigésima del libro primero (I 20) se pone de manifiesto el contraste literario y estilístico entre estos dos escritores, porque Plinio intenta ir en contra de la apuesta de Tácito por la brevedad. La brevedad venía de lejos, no se trataba solamente de una elección estilística, sino que tenía un origen laconio (la βραχυλογία τις Λακωνική de Platón, *Prot.* 343b)[160] y estoico que casaba bien con el rigor moral de Tácito el historiador. Esta relación entre la austeridad estoica y la estilística aticista era ya antigua y, en lo que concierne al ambiente de Plinio, ha sido bien analizada por la profesora Guillemin (*Pline et la vie littéraire de son temps*, pp. 89 ss.). La estilística estoica también tenía una larga tradición que ha sido estudiada recientemente en el libro de Gabriella Moretti (*Acutum Dicendi Genus*, 1990), al que remito especialmente por el último capítulo, "I παράδοξα stoici: un'arma retorica per il radicalismo etico" (pp. 163-194). El contraste, tan a menudo encarnizado, entre aticistas y asianistas se apacigua completamente en la carta VII 20 de la que estamos tratando, pero además en la carta I 20 Plinio sigue sin perder ni su calma ni su cortesía de gran señor, como bien se ve en el estudio de Francesco Trisoglio ("La personalità di Plinio il Giovane", pp. 255-259). Yo, por mi parte, estoy completamente de acuerdo con Trisoglio. En la carta I 20 se puede ver toda una discusión en la que Plinio defiende la *amplitudo* que tanto le gustaba y para la que tenía una teoría en realidad más oratoria que literaria, o, al menos, no limitada a la literatura. Con respecto a la oposición pliniana contra la *breuitas,* es significativo lo que dice en la carta I 20 dirigida a Tácito:

(9) Plin. *epist.* 1, 20, 14 *Dixit aliquando mihi Regulus, cum simul adessemus: 'tu omnia, quae sunt in causa, putas exsequenda; ego iugulum statim uideo, hunc premo'. Premit sane, quod elegit, sed in eligendo frequenter errat. Respondi posse fieri, ut genu esset aut talus, ubi ille iugulum putaret.*

---

160. Véase a este respecto M. Silvana Celentano, "La laconicità", pp. 109 ss.

'At ego', inquam 'qui iugulum perspicere non possum, omnia pertempto, omnia experior, πάντα *denique* λίθον κινῶ.*'*[161]

Sería interesante examinar con más atención de lo que permite una conferencia la relación entre las ideas del orador Apro en el *Diálogo de los oradores* en contra de la brevedad y la concisión y las opiniones de Plinio, tanto más cuanto que, como con razón ha demostrado Alain Michel (*Le "Dialogue des orateurs" de Tacite*, p. 179), el orador Apro adopta en su crítica contra los neoaticistas la postura de Cicerón (véase a este respecto mi breve artículo de 1985). Pero para hacernos una idea de la diferencia estilística entre la *amplitudo* de Plinio y la brevedad de Tácito es interesante tener en cuenta lo que Plinio hacía para ampliar sus *actiones*, escribiendo después de haber pronunciado sus discursos, las *orationes* correspondientes (conservamos un ejemplo en el *Panegírico de Trajano*, que es la transformación en *oratio* de la *gratiarum actio* presentada por Plinio a Trajano el 1 de septiembre del año 100)[162], así como reparar, por otro lado, en la forma reducida, pero de gran valor artístico y literario, en la que Tácito (*ann.* 11, 24) recogió el discurso del emperador Claudio *De civitate Gallis danda* o Tabla de Lión.[163] Los procedimientos de Plinio y de Tácito son completamente diferentes. Tácito ha dotado al texto de una unidad más profunda y de la riqueza de un gran conocimiento histórico y lo ha puesto al servicio de las buenas e interesantes ideas, pero desordenadas, del emperador Claudio, y su procedimiento estilístico ha sido precisamente el de la reducción y la abreviación, mientras que Plinio buscaba la amplificación ciceroniana.

Así pues, yo diría que, en lo que concierne a la carta VII 20, su tema fundamental es el de la concordia, el de la amistad, porque dos amigos pueden hacerse correcciones mutuamente útiles. Con todo, no deben olvidarse a este

161. Véase H. Wagenvoort, "De Reguli in Taciti dialogo partibus", pp. 425 ss. Sobre esta cuestión de la polémica de Plinio en contra de la brevedad, véase también P. V. Cova, *La critica letteraria di Plinio il Giovane*, pp. 18-25 y G. Picone, *L'eloquenza di Plinio*, pp. 58-77.

162. Sobre el 'panegírico' hay ya una literatura muy amplia; para lo que nos concierne basta con remitir a M. Durry: *Pline le Jeune, Panégyrique de Trajan*, pp. 3-24 y a la bibliografía más reciente en Jean Beaujeu, *Lustrum*, 6, 1961, 290 ss; 297; M. von Albrecht, *Geschichte der römischen Literatur* II, pp, 916 ss.

163. Véase sobre los problemas de esta tabla y su relación con Tácito mi artículo, G. Calboli, "Tra corte e scuola", pp. 24-38; sobre su estilo puede verse también P. Sage, "La table claudienne", 1981.

respecto las observaciones de un buen conocedor del *Panegírico* de Plinio, Marcel Durry, que ha demostrado con toda razón cómo Plinio pretendía con esta obra complacer "a la vez a las dos escuelas enfrentadas, a los aticistas y a los asianistas" (Durry, *Pline le Jeune*, pp. 89 ss.). En la carta de la que nos ocupamos nos encontramos con una situación parecida, con la diferencia de que Plinio ya había efectuado alguna corrección, probablemente con respecto a cuestiones retóricas (opinión compartida por Trisoglio, "La personalità di Plinio", p. 207). Pero esta carta nos enseña otra cosa de gran importancia: Plinio y Tácito coincidían del todo desde el punto de vista político y moral (véase Trisoglio, "La personalità di Plinio", pp. 206-210) y la diferencia estilística no era un motivo de distanciamiento: ¿cómo podía serlo, si Tácito era perfectamente capaz de escribir en dos estilos tan diferentes entre sí en las *Historias* y en el *Diálogo de los oradores*? La auténtica amistad se mantiene estable también dentro de las diferencias, y cada uno de nosotros (*si parva licet componere magnis*) puede ser diferente de sí mismo.

Bibliografía

ADAMIETZ, JOACHIM (ed.), *M. F(abi) Quintiliani Institutionis oratoriae liber III, mit einem Kommentar*, W. Fink, München 1966.

ADAMIETZ, JOAGHIM, "Quintilians "Institutio oratoria"",: W. Haase (Hrsg.), *Aufstieg und Niedergang der römischen Welt* II 34,4, Walter de Gruyter, Berlin-New York 1986, 2226-2271.

ALBRECHT, MICHAEL VON, *Geschichte der römischen Literatur*, Bd. II, K. G. Saur, Bern-München 1992.

APPEL, BENEDICT, *Das Bildungs- und Erziehungsideal Quintilians nach der "Institutio Oratoria"*, Inaugural-Dissertation, Buchhandlung Ludwig Auer, Donauwörth 1914.

BALLAIRA, GUGLIELMO, "Il giudizio di Quintiliano sullo stile di Seneca (*Inst.* 10,1,129 ss.)", *Grazer Beiträge*, 9, 1980, 173-180.

BARDON, HENRY, "De nouveau sur Tacite et le 'Dialogue der Orateurs': les critères grammaticaux et stylistiques", *Latomus*, 12, 1953, 485-494.

BARWICK, KARL, "Das rednerische Bildungsideal Ciceros", *Abhandlungen der sächsischen Akademie der Wissenschaften zu Leipzig*, Phil.-Hist. Kl., Bd. 54, Hf. 3, Akademie Verlag, Berlin 1963.

BEAUJEU, JEAN, "Pline le Jeune 1955-1960", *Lustrum*, 6, 1961, 272-303 y 311 ss.

BLASS, FRIEDRICH, *Die Rhythmen der asianischen und römischen Kunstprosa (Paulus Hebräerbrief-Pausanias-Cicero-Seneca-Curtius-Apuleius)*, Deichert (G. Böhme), Leipzig 1905.

BOLGAR, R. R., *The Classical Heritage and its Beneficiaries*, Cambridge University Press, Cambridge 1963.

BONNER, STANLEY FREDERICK, *Roman Declamation in the Late Republic and Early Empire*, University Press, Liverpool 1949 (=1969).

BRINK, CHARLES OSCAR, *Horace on Poetry, The 'Ars Poetica'*, Cambridge University Press, Cambridge 1971.

BROZEK, MIECISLAUS, "De scriptoribus Latinis antiquis Pindari laudatoribus et aemulis", *Eos*, 59, 1971, 101-107.

Brugnoli, Giorgio, "Quintiliano, Seneca e il *De causis corruptae eloquentiae*", *Orpheus*, 6, 1959, 29-41.

Büchner, Karl, "Altrömische und horazische Virtus", en H. Oppermann (ed.), *Römische Wertbegriffe,* Wissenschaftliche Buchgesellschaft, Darmstadt 1967, 376-40l.

Butler, H. E. (ed.), *The Institutio Oratoria of Quintilian*, vols. I-IV, London-Cambridge (Mass.) 1953 (reimpr.).

Bütler, Hans-Peter, *Die geistige Welt des jüngeren Plinius*, C. Winter, Heidelberg 1970.

Butts, James R., *The "Progymnasmata" of Theon: A New text with Translation and Commentary*, Thesis, Claremont Graduate School, Claremont 1986 (University Microfilms International).

Calboli, Gualtiero, Marci Porci Catonis *Oratio pro Rhodiensibus, Catone, l'Oriente Greco e gli Imprenditori Romani, Introduzione, Edizione Critica dei Frammenti, Traduzione e Commento,* Pàtron, Bologna 1978.

Calboli, Gualtiero, "Figure Retoriche", *Enciclopedia Virgiliana II,* Enciclopedia Italiana, Roma 1985, 515-520.

Calboli, Gualtiero, "Pline le Jeune entre pratique judiciaire et éloquence épidictique", *Bulletin de l'Association Guillaume Budé*, 44, 1985, 357-374, (pp. 123-142 de este libro)

Calboli, Gualtiero, "Nota di Aggiornamento" en E. Norden, *La prosa d'Arte Antica,* trad. italiana, Salerno Editrice, Roma 1986, 969-1185.

Calboli, Gualtiero, "Asiani (Oratori)", F. Della Corte (dir.), *Dizionario degli scrittori greci e latini*, Vol. I, Marzorati, Milano 1987, 215-232.

Calboli, Gualtiero, "Asianesimo e Atticismo: retorica, letteratura e linguistica", A. Pennacini (ed.), *Studi di retorica oggi ini Italia*, Pitagora, Bologna 1987, 31-53.

Calboli, Gualtiero, "Tra corte e scuola: la retorica imperiale a Roma", *Vichiana*, 3ª ser. 1-2, 1990, 17-39.

Calboli, Gualtiero (ed.), *Cornifici Rhetorica ad C. Herennium*, introduzione, testo critico, commento a cura di G. C., seconda edizione, Pàtron, Bologna 1993.

Calboli, Gualtiero, "Horace et la rhétorique des σχήματα: de la *callida iunctura* à l'erreur", en J. M. André, J. Dangel et P. Demont, *Les loisirs et l'héritage de la culture classique, Actes du XIIIe Congrès de l'Association G. Budé*, Latomus - Revue d'Études Latines, Bruxelles 1996, 288-299.

Calboli, Gualtiero, "The Asiatic Style of Antony: some considerations", B. Czapla-T. Lehmann-S. Liell (eds.), *VIR BONUS DICENDI PERITUS, Festschrift für Alfons Weische zum 65. Geburtstag*, Reichert, Wiesbaden 1997, 13 -26.

Calboli, Gualtiero, *Über das Lateinische, Vom Indogermanischen zu den romanischen Sprachen*, Niemeyer, Tübingen 1997.

Calboli, Gualtiero, "Le *Senatus Consultum de Cn. Pisone patre*, quelques considérations linguistiques", B. Bureau-Ch. Nicolas (eds.), *Moussyllanea, Mélanges de Linguistique et de littérature anciennes offerts à Claude Moussy*, Peeters, Louvain-Paris 1998, 117-130.

Calboli, Gualtiero, "*O navis referent in mare te novi fluctus* (zu Horazens *Carm.* I 14) ", *Maia*, 50, 1998, 37-70.

Calboli, Gualtiero, "From Aristotelian λέξις to *elocutio*", *Rhetorica* (16, 1988, 47-80).

Calboli, Gualtiero,"Seneca il Retore tra oratoria e retorica", en: G.C. Mazzoli - I. Gualandri (eds.), *Gli Anici* (en prensa)

Calboli, Gualtiero, "On Horace's *Epist.* I.19", L. Calboli Montefusco (ed.), *Papers on Rhetoric II*, CLUEB, Bologna 1999, 35-68.

Calboli Montefusco, Lucia (ed.), Consulti Fortunatiani *Ars Rhetorica*, introduzione, edizione critica, traduzione italiana di L. C. M., Pàtron, Bologna 1979.

Calboli Montefusco, Lucia, *Exordium Narratio Epilogus. Studi sulla teoria retorica greca e romana delle parti del discorso*, CLUEB, Bologna 1988.

Caplan, Harry (ed.), [Cicero] *Ad C. Herennium De ratione dicendi (Rhetorica ad Herennium)*, with an English translation by H. C., Loeb Classical Library, W. Heinemann-Harvard University Press, Cambridge (Mass.) 1954.

Carlozzo, Giuseppe, "La tecnica delle citazioni in Quintiliano", *Pan*, 7, 1979, 27-60.

Celentano, Maria Silvana, "La laconicità: un atteggiamento etico-linguistico, una qualità retorica, un criterio estetico", en A. Pennacini (ed.), *Studi di retorica oggi in Italia*, Pitagora, Bologna 1987, 109-115.

Classen, Carl Joachim, "Der Aufbau des zwölften Buches der *Institutio Oratoria* Quintilians", *Museum Helveticum*, 22, 1965, 181-190.

Cody, John V., *Horace and Callimachean Aesthetics,* Collection Latomus, Vol. 147, Bruxelles 1976.

Cole, Charles N., "Quintilian's Quotations from the Latin Poets", *The Classical Review*, 20, 1906, 47-51.

Colson, Francis Henry, Marcus Fabius Quintilianus, *Institutionis oratoriae Liber I*, edited with introduction and commentary by F. H. C., Olms, Hildesheim-New York 1973 (reimpr.).

Cousin, Jean (ed.), Quintilien, *Institution oratoire*, Tomes I-VII, Les Belles Lettres, Paris 1975-1980.

Cova, Pier Vincenzo, *La critica letteraria di Plinio il Giovane*, La Scuola, Brescia 1966.

Cova, Pier Vincenzo, "La critica letteraria *nell'Istitutio*", en P. V. Cova- R. Gazich-G. E. Manzoni-G. Melzani, *Aspetti della 'paideia' di Quintiliano,* Vita e Pensiero, Milano 1990, 9-59.

Cupaiuolo, Fabio, *Tra poesia e poetica,* Libreria Scientifica, Napoli 1966.

David, Jean-Michel, Le *patronat judiciaire au dernier siècle de la république romaine*, École Française de Rome, Palais Farnèse (Roma), 1992

Della Corte, Francesco (ed.), Catullo, *Le poesie,* Fondazione L. Valla - Mondadori, Verona 1977.

Desmouliez, André, *Cicéron et son goût. Essai sur une définiton d'une esthétique romaine à la fin de la république*, Collection Latomus, Bruxelles 1976.

Donadi, Francesco (ed.), Pseudo-Longino, *Del sublime, Introduzione, Traduzione, Premessa al Testo e Note* di F.D., *Testo greco a fronte*, B.U.R., Milano 1991.

Durry, Marcel, Pline le Jeune, *Panégyrique de Trajan*, préfacé, édité et commenté par M. Durry, Les Belles Lettres, Paris 1938.

Eck, Werner-Caballos, Antonio-Fernández, Fernando, *Das senatum consultum de Cn. Pisone patre*, Vestigia, Beiträge zur alten Geschichte, Band 48, C.H. Beck, München 1996.

Fairweather, Janet, *Seneca the Elder*, Cambridge University Press, Cambridge 1981.

Fedeli, Paolo (ed.), Q. Orazio Flacco, *Le opere II, Tomo quarto: Le epistole, L'arte poetica, Commento di* P. F., Istituto Poligrafico e Zecca dello Stato, Roma 1997, 1286-1304.

Fortenbaugh, William W., "Theophrastus on Delivery", W. W. Fortenbaugh-P. M. Huby-A. A. Long (eds.), *Theophrastus of Eresus. On his Life and*

Works, Vol. II, Transaction Books, New Brunswick-Oxford 1985, 269-288.

Fortenbaugh, William W. *et al.*, *Theophrastus of Eresus. Soruces for his Life, Writings, Thought and Influence*, edited and translated by W. F. F. *et al.*, Part I-II, E. J. Brill, Leiden-New York-Köln 1992.

Fraenkel, Eduard, *Horace,* Clarendon Press, Oxford 1957 (= 1963).

Gagliardi, Donato, *Cultura e critica letteraria a Roma nel I secolo d. C.*, Palumbo, Palermo 1978.

Gagliardi, Donato, "Quintiliano e Seneca, una nota di lettura", *Rivista di Filologia e d'Istruzione Classica*,110, 1982, 78-79.

Gagliardi, Donato, "Il giudizio di Quintiliano su Catullo", *Rivista di Filologia e di Istruzione Classica*, 115, 1987, 35-39.

Gaiser, Konrad, "Menander und der Peripatos", *Antike und Abendland*, 13, 1967, 8-40.

Gelzer, Thomas, "Quintilians Urteil über Seneca: eine rhetorische Analyse", *Museum Helveticum,* 27, 1970, 212-223.

Gerber, Douglas, E., "Pindar and Bacchylides 1934-1987", *Lustrum*, 31, 1989, 97-269.

Gruen, Erich S., *Roman Politics and the Criminal Courts, 149-78 B.c.*, Harvard University Press, Cambridge, Mass. 1968.

Gudeman, Alfred, P. Cornelii Taciti, *Dialogus de oratoribus, mit Prolegomena, text und Kommentar*, 2. Auflage, B. G. Teubner, Leipzig 1914 (=A. Hakkert, Amsterdam 1967).

Guillemin, Anne-Marie, *Pline et la vie littéraire de son temps*, Les Belles Lettres, Paris 1929.

Guillemin, Anne-Marie, Pline le Jeune, *Lettres*, texte établi et traduit par A.-M. G., Tome III, Les Belles Lettres, Paris 1959.

Güngerich, Rudolf, "Der 'Dialogus' des Tacitus und Quintilians 'Institutio oratoria'", *Classical Philology*, 46, 1951, 159-164.

Güngerich, Rudolf, *Kommentar zum Dialogus des Tacitus,* Herausgageben von Heinz Heubner, Vandenhoeck & Ruprecht, Göttingen 1980.

Güngerich, Rudolf, "Tacitus' 'Dialogus' und der 'Panegyricus' des Plinius", en *Festschrift B. Snell*, C. H. Beck, München 1956, 145-162.

Hanslik, Rudolf, "Tacitus 1939-1972", *Lustrum*, 16, 1971-1972, 143-304; *Lustrum*, 17, 1973-1974, 71-226.

Heldmann, Konrad, "Dekadenz und literarischer Fortschritt bei Quintilian und bei Tacitus", *Poetica*, 12, 1980, 1-23.

Hellegouarc'h, Joseph, *Le monosyllabe dans l'hexamètre latin, Essai de métrique verbale,* C. Klincksieck, Paris 1964.

Hettegger, Gregorius, "Qua ratione M. Fabius Quintilianus in *Institutione oratoria* laudaverit scriptores", *Programm des Gymnasiums am Kollegium Borromäum zu Salzburg,* Selbstverlag des f. e. Kollegium Borromäum, Salzburg 1905.

Immisch, Otto, *Horazens Epistel über die Dichtkunst, Philologus Supplement XXIV*, 3, 1932, 1-217.

Jackson, C. N., "*Molle atque facetum*, Horace *Sat.* 1. 10. 44", *Harvard Studies in Classical Philology*, 25, 1914, 117-137.

Kennedy, George, *Quintilian*, Twayne Publishers, New York 1969.

Kennedy, George, *The Art of Rhetoric in the Roman World 300 B.C.-A.D.300,* Princeton University Press, Princeton (N.J.) 1972.

Kennedy, George (ed.), Aristotle, *On Rhetoric. A Theory of Civic Discourse,* newly translated with introduction, notes and appendixes by G. A. K., Oxford University Press, New York-Oxford 1991.

Kissel, Walter, "Horaz 1936-1975. Eine Gesamtbibliographie", W. Haase (ed.), *Aufstieg und Niedergang der Römischen Welt,* II, 31, 3, W. de Gruyter, Berlin-New York 1981, 1403-1558.

Kiessling, Adolf-Heinze, Richard, *Q. Horatius Flaccus, Briefe,* 6. Aufl.-*Satiren*, 7. Aufl.-*Oden und Epoden* 9. Auflage, erklärt von A. K., besorgt von R. H., Weidmann, Berlin 1958-1959.

Köstermann, Erich, Cornelius Tacitus, *Annalen*, Bd. I, erläutert und mit einer Einleitung versehen von E. K., C. Winter, Heidelberg 1963.

Kowalski, G., "Ad figurae παραδιαστολῆς historiam", *Eos*, 31, 1928, 169-180.

Kukula, R. C., "Quintilians Interpretation von Horaz, *Carm.* 1, 14", *Wiener Studien*, 34, 1912, 237-245.

Lana, Italo, *Analisi delle "Lettere a Lucilio" di Seneca,* Giappichelli, Torino 1988.

Laureys, Marc, "Quintilian's judgement of Seneca and the scope and purpose of *Inst.,* 10. 1", *Antike und Abendland*, 37, 1991, 100-125.

Lebek, Wolfgang Dieter, *Verba Prisca. Die Anfänge des Archaisierens in der lateinischen Beredsamkeit und Geschichtsschreibung*, Hypomnemata, 25, Vandenhoek & Ruprecht, Göttingen 1970.

Leeman, Anton Daniel, *Orationis Ratio, Teoria e pratica stilistica degli orato-*

ri, storici e filosofi latini, traduzione italiana di G. C. Giardina e R. Cuccioli Melloni, Il Mulino, Bologna 1974.

Leeman, Anton Daniel-Harm, Pinkster, *M. Tullius Cicero, De oratore libri III. Kommentar, 1. Band: Buch I, 1-165*, C. Winter, Heidelberg 1981.

Lieberg, Godo, *Poeta Creator, Studien zu einer Figur der antiken Dichtung*, J. C. Gieben, Amsterdam 1982.

Marache, René, *La critique littéraire de langue latine et le développement du goût archaïsant au IIe siècle de notre ère*, Plihon, Rennes 1952.

Mariotti, Italo, *Studi Luciliani,* La Nuova Italia, Firenze 1960.

Martin, Josef, *Antike Rhetorik. Technik und Methode*, C. H. Beck, München 1974.

Max, Friedrich, *Incerti auctoris De ratione dicendi ad C. Herennium Libri IV*, edidit F. M., B. G. Teubner, Lipsiae 1894 ("Prolegomena", pp. 1-180).

Marx, Friedrich, *C. Lucilii Carminum Reliquiae*, rec. F. M., Vol. II: *Commentarius,* B. G. Teubner, Leipzig 1905 (=A. M. Hakkert, Amsterdam 1963).

McDermott, W. C., "Quintilian and Catullus", *Athenaeum*, n. s. 60, 1982, 336-358.

Mesk, Josef, "Die Überarbeitung des Plinianischen Panegyricus auf Traian", *Wiener Studien*, 32, 1910, 239-260.

Michel, Alain, *Le 'Dialogue des orateurs' de Tacite et la philosophie de Cicéron*, Études et Commentaires, XLIV, C. Klincksieck, Paris 1962.

Moretti, Gabriella, *Acutum Dicendi Genus, Brevità, oscurità, sottigliezze e paradossi nelle tradizioni retoriche degli Stoici,* Università di Trento, Dipartimento di Scienze Filologiche e Storiche, Trento 1990.

Murphy, James J., *Quintilian on the Teaching of Speaking and Writing*, Southern Illinois University Press, Carbondale and Edwardsville 1987.

Nesselhauf, Herbert, "Die Adoption des römischen Kaisers", *Hermes*, 83, 1955, 477-495.

Neuhausen, Karl August, "Plinius proximus Tacito", *Rhenisiches Museum*, 111, 1968, 333-357.

Neuhauser, Walter, *Patronus und Orator. Commentationes Aenipontanae XIV,* Universitätsverlag Wagner, Innsbruck 1958.

Nisbet, R. G. M.-Margaret, Hubbard, *A Commentary on Horace: Odes, Books* I-II, Clarendon Press, Oxford 1975-1978.

Norden, Eduard, *Die antike Kunstprosa,* 5. Auflage, B. G. Teubner, Stuttgart 1958 (ed. Italiana con una nota di G. Calboli, Roma 1986).

Odgers, Merle M., "Quintilian's Use of Early Literature", *Classical Philology*, 28, 1933, 182-188.

Ogle, M. B., "*Molle atque facetum*", *American Journal of Philology*, 37, 1916, 327-332.

Paolucci, Paola, "Tre vettori per l'interpretazione politica di Hor. *Carm.* I,14", *Giornale Italiano di Filologia*, 51, 1999, 23-40.

Paratore, Ettore, *Tacito*, 2ª ed., Edizioni dell'Ateneo, Roma 1962.

Pellegrino, Carlo Petroni Arbitri *Satyricon, Introd., ed. critica e commento* di C.P., Ateneo, Roma 1975.

Pellicer, André, '*Natura*'. *Étude sémantique et historique du mot latin*, Presses Universitaires de France, Paris 1966.

Pennacini, Adriano, *La funzione dell'arcaismo e del neologismo nelle teorie della prosa da Cornificio a Frontone*, Università di Torino, Giappichelli, Torino 1974.

Peterson, W. (ed.), *M. Fabi Quintiliani institutionis oratoriae liber X. A revised text with introductory essays, critical and explanatory notes and a facsimile of the Harleian ms.* by W. P., Georg Olms, Hildesheim 1967 (reimpr.).

Picone, Giusto, *L'eloquenza di Plinio, Teoria e prassi*, Palumbo, Palermo 1978.

Pohlenz, Max, "Tò πρέπον: ein Beitrag zur Geschichte des griechischen Geistes", *Nachrichten von der Gesellschaft der Wissenschaften zu Göttingen*, Philol.-Hist. Klasse, Weidmann, Berlin 1933, 53-92.

Prete, Sesto, *Saggi Pliniani*, Studi Pubblicati dall'Istituto di Filologia Classica di Bologna, C. Zuffi, Bologna 1948.

Questa, Cesare, Tacito, *Annali*, BUR, Rizzoli, Milano 1981.

Radermacher, Ludwig, "Studien zur Geschichte der antiken Rhetorik V, Theophrast περὶ λέξεως", *Rheinisches Museum*, 54, 1899, 374-380.

Reichel, Georg, *Quaestiones Progymnasmaticae*, Diss.-Inauguralis, R. Noske, Lipsiae 1909.

Rosén, Hannah - Haiim, Rosén, *On Moods and Tenses of the Latin Verb. Two Essays*, W. Fink, München 1980.

Rudd, Niall, *The Satires of Horace,* Cambridge University Press, Cambridge 1966.

Russell, Donald Andrew (ed.), 'Longinus' *On the Sublime*, edited with Introduction and Commentary by D. A. Russell, Clarendon Press, Oxford 1964.

Russell, Donald Andrew - Nigel Guy, Wilson, *Menander rhetor*, edited with translation and commentary by D. A. R. and N. G. W., Clarendon Press, Oxford 1981.

Sage, P., "La table claudienne et le style de l'empereur Claude: essai de réhabilitation", *Revue des Étude Latines*, 58, 1981, 274-312.

Schuster, Mauriz, "Tacitus und der jüngere Plinius", *Wiener Studien*, 46, 1929, 234-240.

Seel, Otto , *Quintilian oder die Kunst des Redens und Schweigens,* Klett-Cotta, Stuttgart 1977.

Selig, Maria, *Die Entwicklung der Nominaldeterminanten im Spätlatein,* Narr, Tübingen 1992.

Sherwin-White, Adrian Nicholas, *The Letters of Pliny: A Historical and Social Commentary,* Clarendon Press, Oxford 1966.

Shorey, Paul, "Φύσις, Μελέτη, 'Επιστήμη", *Transactions of the American Philological Association*, 39, 1908, 185-201.

Sommer, Ferdinand, "Lucilius als Grammatiker", *Hermes*, 44, 1909, 70-77.

Soverini Paolo, "Il problema delle teorie retoriche e poetiche di Petronio", en: W. Haase (Hrsg.) *ANRW,* 2, 33, 3, W. de Gruyter, Berlin-New York 1985, 1706-1779.

Straub, Johannes, *Regeneratio Imperii, Aufsätze über Roms Kaisertum und Reich im Spiegel der heidnischen und christlichen Publizistik,* Wissenschaftliche Buchgesellschaft, Darmstadt 1972.

Stroux, Johannes, *De Theophrasti virtutibus dicendi*, B. G. Teubner, Lipsiae 1912.

Syme, Ronald, Tacitus, I-II, Oxford Univ. Press, London 1963 (*Tacito*, vol. I-II, ed. italiana de A. Benedetti, Paideia, Brescia 1967-1971).

Torraca, Luigi (ed.), Teofrasto, *Caratteri*, introduzione, traduzione e note di L. T., Garzanti, Milano 1994.

Traina, Alfonso, *Lo stile "drammatico" del filosofo Seneca,* Pàtron, Bologna 1974.

Trillitzsch, Winfried, *Senecas Beweisführung,* Akademie Verlag, Berlin 1962.

Trillitzsch, Winfried, *Seneca im literarischen Urteil der Antike, Darstellung und Sammlung der Zeugnisse, I-II,* Hakkert, Amsterdam 1971.

TRISOGLIO, FRANCESCO, "La personalità di Plinio il Giovane nei suoi rapporti con la politica, la società e la letteratura", *Memorie dell'Accademia delle Scienze di Torino*, Cl. Scienze Morali, Storiche e Filologiche, ser. 4ª, n. 25, V. Bona, Torino 1972.

TRISOGLIO, FRANCESCO, Plinio Secondo, *Opera*, a cura di F. T., UTET, Torino 1973.

ULLMAN, B. L., "Horace on the Nature of Satire", *Transactions and Proceedings of the American Philological Association*, 47, 1916, 111-132.

VARWIG, FREYR ROLAND, *Der rhetorische Naturbegriff bei Quintilian*, Carl Winter, Heidelberg 1976.

VOLKMANN, RICHARD, *Die Rhetorik der Griechen und Römer in systematischer Übersicht*, 2. Auflage, B. G. Teubner, Leipzig 1885 (Nachdruck Olms, Hildesheim 1963).

VOß, BERND REINER, *Der pointierte Stil des Tacitus,* Aschendorff, Münster 1980^2.

WAGENVOORT, H., "Obiter tacta", *Mnemosyne*, 47, 1919, 359-363.

WAGENVOORT, H., "De Reguli in Taciti Dialogo partibus", *Mnemosyne*, 54, 1926, 416-439.

WARD, JOHN O., *Ciceronian Rhetoric in Treatise, Scholion and Commentary,* Brepols, Turnhout 1995.

VON WILAMOWITZ-MÖLLENDORFF, ULRICH, "Asianismus und Attizismus", *Hermes*, 35, 1900, 1-52 (también en: U.v.W.-M., *Kleine Schriften III,* Akademie-Verlag, Berlin 1969, 223-273).

WIMMEL, WALTER, "Recusatio-Form und Pindarode", *Philologus*, 109, 1965, 83 -103.

WINTERBOTTOM, MICHAEL, "Quintilian and the *vir bonus*", *The Journal of Roman Studies*, 54, 1964, 90-97.

WINTERBOTTOM, MICHAEL, *M. Fabi Quintiliani Institutionis Oratoriae Libri Duodecim,* recognovit M. W., Tomi I-II, Clarendon Press, Oxford 1970.